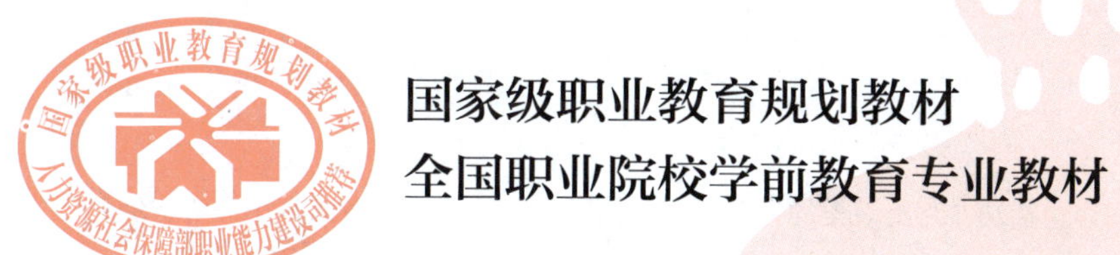

国家级职业教育规划教材
全国职业院校学前教育专业教材

幼儿
行为观察与指导

杨苍芝　主编

中国劳动社会保障出版社

简　介

本教材主要内容包括幼儿行为观察的含义和一般原则、幼儿行为观察的常用方法、幼儿行为观察的准备与实施，以及幼儿生活、游戏和教学活动的观察与指导。教材内容与幼儿园保教工作紧密结合，案例丰富，既保证了专业知识的系统性，又能够满足学习者的实际需要。

本教材由杨苍芝任主编，侯婷、刘怡芳、薛雪、周新新参加编写，杨荣辉任主审。

图书在版编目（CIP）数据

幼儿行为观察与指导 / 杨苍芝主编. -- 北京：中国劳动社会保障出版社，2020
全国职业院校学前教育专业教材
ISBN 978-7-5167-4533-5

Ⅰ.①幼…　Ⅱ.①杨…　Ⅲ.①学前教育－教学研究－高等职业教育－教材　Ⅳ.①G610

中国版本图书馆 CIP 数据核字（2020）第 115077 号

中国劳动社会保障出版社出版发行

（北京市惠新东街 1 号　邮政编码：100029）

*

北京市艺辉印刷有限公司印刷装订　新华书店经销

787 毫米 × 1092 毫米　16 开本　7.5 印张　125 千字

2020 年 7 月第 1 版　2024 年12月第 6 次印刷

定价：17.00 元

营销中心电话：400-606-6496

出版社网址：http://www.class.com.cn

http://jg.class.com.cn

前言

学前教育是终身学习的开端，是国民教育体系的重要组成部分，是重要的社会公益事业。学前教师教育担负着培养学前师资的重任，始终受到国家的高度重视，2018 年《中共中央　国务院关于学前教育深化改革规范发展的若干意见》明确提出要“办好学前教育”“大力加强幼儿园教师队伍建设”。为了适应学前教育发展的形势，满足学校培养学前师资的教学要求，2020 年，我们对全国职业院校学前教育专业教材进行了修订和补充，重点做了以下几方面的工作。

第一，完善了教材体系。根据目前职业院校学前教育专业的教学实际，增加了《幼儿行为观察与指导》《幼儿园游戏》等教材，将《舞蹈（第二版）》和《幼儿舞蹈创编与教法》整合为《幼儿教师舞蹈基础》，将《基本乐理与伴奏编配（第二版）》分为《基本乐理》和《简易钢琴伴奏构建法》。调整后，整套教材体系更加科学、完善，便于教学的开展。

第二，更新了教材内容。对上版教材中的部分内容进行了调整、补充和更新，使教材更加符合当前职业院校学前教育理念和实践方法。增加了实践性教学内容的比重，主要技能点均配以详细的操作指导，以引导学生运用所学知识分析和解决实际问题。

第三，提升了教材表现形式。通过设置知识卡、能力卡、情景再现、引导案例等栏目，增加教材的亲和力，激发学生的学习兴趣。同时，加强了图片、表格及色彩的运用，营造出更加直观的认知环境，提高了教材的趣味性和可读性。

第四，加强了教材立体化资源建设。在教材修订的同时，开发了与教材配套的习题册和电子课件。电子课件及习题答案可登录技工教育网（jg.class.com.cn），搜索相应的书目，在相关资源中下载。在部分教材中使用了二维码技术，针对教材中的教学重点和难点制作了演示视频、音频等多媒体素材，学生使用移动终端扫描二维码即可在线观看或收听相应内容。

本套教材的编写得到了有关学校的大力支持，教材编审人员做了大量的工作，在此我们表示衷心的感谢！同时，恳切希望广大读者对教材提出宝贵的意见和建议。

人力资源社会保障部教材办公室

目　录

第一章
幼儿行为观察概述

学习目标

1. 了解观察的含义、类型和特性。
2. 掌握幼儿行为观察的内涵。
3. 了解幼儿行为观察对幼儿教育工作者的重要意义。

在幼儿教育工作中，观察幼儿的行为是教师理解幼儿的必要途径，也是幼儿教育活动有效组织开展的前提和基础。教师要想真正了解幼儿，需要在正确的理念指引下熟练地运用一些有效的方法和手段，而行为观察是最简易、最普遍的一种方法。教师可以利用行为观察的工具和方法进行观察与记录，获得相关资料，进而通过分析所收集的资料，组织开展并反思自己的保教活动，从而全面提升幼儿教育工作者的业务能力和教学水平。

一、行为观察的含义

1. 观察的含义

观察是有目的、有计划的知觉活动，是知觉的一种高级形式。观指看、听等感知行为，察即分析思考。因此，观察不只是视觉过程，而是以视觉为主，融合其他感觉于一体的综合感知，且观察包含积极的思维活动。

观察是人们认识世界、获取知识的一个重要途径，也是开展科学研究的重要方法。一切科学实验和科学新发现、新规律，都建立在周密、精确、系统的观察基础上。观察是全部学习活动的前提与基础。学生运用观察活动，对学习对象获得鲜明、生动、具体的感性认识，通过抽象概括达到理性认知。幼儿通过观察活动，认识世界，积累丰富的知识经验，逐渐成长。幼儿教师通过观察活动，能够发现并掌握幼儿特点，在此基础上高效地组织开展各项教学活动。

2. 观察的类型

观察可以分为一般观察和专业观察两大类。

一般观察是指人类在日常生活中进行的观察。观察是人类的本能。在日常生活中，我们随时都在观察。通过日常生活中的一般观察，虽然能够收集大量的经验和信息，但是这些信息往往具有主观性和零碎性，有时并不能全面客观地反映事物的真实情况。

专业观察是指为了职业要求或科学研究而进行的观察，是研究者有目的、有计划的一种活动。专业观察以正确了解自然或社会现象为目的，有明确的目标与计划安排，有一定的过程控制和严格的记录。

一般观察和专业观察在幼儿园均被广泛使用。幼儿行为观察属于专业观察。

3. 行为的含义

这里所说的行为是指被观察的行为，即观察活动中观察对象表现出来的行为。行为有广义和狭义之分。狭义的行为是指个体的一言一行、一举一动，是表现在外的，可以被直接观察、记录、描述与分析的行为。广义的行为还包括以外在行为表现为线索，间接分析观察对象内在的心理活动和心理过程。

例如，某教师观察某幼儿园户外做广播操的幼儿的行为：绝大部分幼儿都在高高兴兴地跟着老师学做操，只有飞飞站在原地一动不动。于是老师边做边提醒飞飞，让他跟着老师一起做，可他却蹲下来抠鞋，老师以为他肚子痛，走过去询问，他说："老师，我不会。"

从案例中，不仅可以看到飞飞做广播操时的言行举止，而且可以根据飞飞"一动不动""蹲下来抠鞋"等行为线索了解到飞飞做操时情绪低落。

4. 幼儿行为观察的含义

幼儿行为观察是指在幼儿园一日生活的自然情境下，观察者借助照片、文字描述、表格记录、作品分析等方法和手段，对幼儿个体、小组或集体活动状态等细致地进行有计划、有目的的观察分析，在此基础上了解幼儿的个性特征，从而优化教育行为和教育策略，促进幼儿全面发展的过程。

幼儿行为观察有以下几个要点：

（1）幼儿行为观察是在自然条件下进行的观察

要想了解幼儿行为背后的真实意义，那么对所要观察的幼儿行为就不能加以任何人为控制，使其在自然状态下真实呈现出来。例如，对幼儿午睡情况的观察，就应该在幼儿日常午睡过程中自然地进行。

（2）幼儿行为观察是有目的、有计划的研究方式

虽然对幼儿行为的观察是在自然状态下进行的，但是这并不等于对幼儿行为的观察完全顺其自然、毫无控制。为了尽量减小误差、提高结论的可靠性，观察者应当对观察的步骤、途径、方法等进行一定的设计，如对观察对象、观察目标、观察方法、观察地点、观察时间的设计等。

（3）幼儿行为观察是收集、分析和解读客观资料的研究方式

采用科学的观察记录方法收集幼儿的各种行为信息，最终目的是将观察到的信息尽可能客观、真实地还原再现。因此，在进行行为观察的过程中，首先，需要强调观察客观，保证信息真实；其次，确保信息的收集与观察的目的和计划相一致；最后，要准确分析与解读观察信息，以便全面地了解幼儿的发展水平与心理特征，制定并优化幼儿培养方案。

二、幼儿行为观察的一般原则

幼儿教师在实施行为观察的过程中要遵循观察的基本原则，避免观察过程中出现一些无关因素而影响观察结果，甚至可能影响幼儿的身心健康。

1. 自然性原则

在观察情境中，观察者的行为很容易引起被观察幼儿行为的改变。因此，与外来成员相比，本班教师作为观察活动组织者效果更好。

2. 客观性原则

客观性原则是指观察者要对每个幼儿进行非评判性的观察，无条件接纳每一个幼儿。教师在观察的过程中要做到不带任何主观成分、实事求是、客观公正地描述每一个幼儿。例如，“我一进教室，就知道丁丁是一个特别淘气的孩子”就属于主观判断。如果遵循客观性原则，观察者则应对其行为进行描述，如“我一进教室，看到丁丁骑着扫

寻，活蹦乱跳地满教室跑”。

3. 目的性原则

幼儿活动现场的信息量非常大，教师在实施观察前要明确观察目标，即清楚自己为什么要观察、要观察什么及怎样观察。明确目的后，教师不仅能够有效地观察幼儿活动，还能够在复杂的观察过程中搜寻观察对象。此外，幼儿是发展中的个体，即使教师事先制订了详细而周密的计划，现场仍存在很多不确定的因素，这时就需要教师运用敏锐的判断力进行筛查。

4. 隐私性原则

幼儿年龄较小，缺乏自我保护的意识和能力，因此观察者应该严格遵守观察中的伦理道德，尊重幼儿的隐私权。例如，在观察呈现的具体内容中要避免出现幼儿的真实姓名。

三、幼儿行为观察的意义

《幼儿园教育指导纲要（试行）》（以下简称《纲要》）中要求教师能够“善于发现幼儿感兴趣的事物、游戏和偶发事件中所隐含的教育价值，把握时机，积极引导”，在评价部分提出“评价应自然地伴随着整个教育过程进行。综合采用观察、谈话、作品分析等多种方法”。因此，能够对幼儿进行科学的行为观察是对幼儿教师的基本要求，也是幼儿园教学活动组织开展的前提与基础。

幼儿行为观察的意义包含以下几点：

1. 观察有助于教师了解幼儿的行为变化和发展水平

幼儿生理、心理发展均不成熟，他们往往不能准确地表达自己的所思所想，因此观察成为了解幼儿身心发展水平与状况的最佳选择。在观察的过程中，幼儿较少受到影响，能够较真实地表现自己。教师通过观察能够了解幼儿的身心发展水平，准确把握幼儿的发展状态，了解幼儿个体之间的发展差异，进而制定出科学合理的培养方案。

2. 观察有助于幼儿园更好地开展保教活动

幼儿的身心发展水平和兴趣爱好是幼儿园教学活动组织与开展的前提和基础。教师在教学过程中要有目的地观察幼儿，关注幼儿的谈话、交流，了解幼儿的兴趣、需求。教师还需要关注幼儿的学习方式和学习习惯，每个幼儿的学习需求，从中发现有价值的活动线索，进而组织开展有价值的教学活动。

以下是一位幼儿园小班教师的观察记录。

观察内容：

上午，我组织幼儿开展活动“美丽的小鱼”。在导入环节中，我让幼儿模仿小鱼在水里游来游去的样子，于是他们高兴地在教室里到处“游”。接下来我引导他们发挥想象力，利用教师提供的材料粘贴出美丽的“小鱼”。活动结束后，在盥洗室里我听见西西说：“我粘的小鱼可漂亮了，身上有很多颜色！”旁边的宁宁说：“可是你没画水，只粘了小鱼，小鱼没有水会渴死的，我粘的小鱼旁边就画了很多水。”我凑上前去，加入了她们的对话：“对，鱼儿离不开水，它们要在水里才能活。”这时西西难过地问：“老师，我会死吗？”我笑着回答：“你们都是漂亮的小鱼，要是每天都多点儿喝水，那就不缺水啦，又能游来游去啦！”西西听了我的话，瞪大眼睛高兴地说：“太好啦！我要喝一大杯水！”旁边的幼儿一个接一个地说：“我也要喝一大杯！”这时，我也拿起自己的水杯，说：“我是你们的小鱼妈妈，我也和你们一起多喝水，这样咱们可以一起游回大海里啦！”说完，全班幼儿都咕咚咕咚地喝了一大杯水。

评价与分析：

培养幼儿的生活能力是幼儿园小班最主要的教育内容。在幼儿园一日生活中，喝水是最平常的事情，也是生活中比较重要的环节。我常常会看到这样的现象：有的幼儿不爱喝水，有的幼儿喝水像完成任务，有的幼儿喝水只接少半杯，或者接一大杯喝不了直接倒掉，有时幼儿玩得高兴会忘记喝水。我也时常听到一些家长叮嘱自己的孩子要多喝水，有时还会特意拜托老师，让老师多留意。《3～6岁儿童学习与发展指南》（以下简称《指南》）中指出：小班幼儿在生活能力方面的目标是“愿意饮用白开水”，教师还应引导幼儿多喝白开水。无意间听到幼儿的对话，我受到了启发。通过我的引导，效果这样立竿见影是我没有想到的。西西问我她会不会死，我突然想起他们刚刚模仿过小鱼游，想必她把自己当成那条鱼了。小班幼儿爱游戏、爱模仿，他们在模仿的过程中获取知识经验、体验快乐。我将活动时的情境和喝水的环节很自然地衔接起来，使幼儿在轻松、愉快的氛围中能够愿意喝水、主动喝水、喜欢喝水。单纯地说教对于小班幼儿来说往往是事倍功半的，游戏会使培养幼儿生活能力的教育达到“润物细无声”的效果。

3. 观察有助于教师专业能力的发展

具备观察能力是幼儿教师的重要素养之一，是幼儿教师开展幼教工作、提升教育质量的重要前提。基于对幼儿行为的观察、记录和解读，教师可以依据对幼儿的认识和理解进一步诊改、完善自己的教育教学行为，面对所记录和理解的幼儿行为进一步思考自己应该如何引导幼儿、如何满足幼儿的兴趣和爱好。幼儿教师只有更多地了解幼儿，努力走进幼儿的内心，才能设计出更符合幼儿发展需要的教学活动，为幼儿的健康成长提供更有针对性的支持与帮助，真正用爱陪伴幼儿健康成长。

思考·练习

1. 简述幼儿行为观察的一般原则。
2. 简述幼儿行为观察的意义。

第二章
幼儿行为观察方法——描述的方法

学习目标

1. 掌握日记法、轶事记录法、实况详录法、样本描述法的含义和优缺点。
2. 能够根据实际情况灵活选择幼儿行为观察方法。

在幼儿行为观察的各种方法中，最早被运用的是描述的方法。描述的方法是对幼儿自然发生的行为和事件进行详细记录，所获取的资料可长久保留。描述的方法包括日记法、轶事记录法、实况详录法和样本描述法四种，属于定性研究方法。

第一节 日 记 法

一、日记法的含义

日记法是一种非正式的观察方法，也是研究幼儿行为最早被采用的方法。研究者要在较长的时间里，以日记的方式对同一个或同一组幼儿的行为进行追踪观察（纵贯研究），持续地记录变化，记录其新的发展和新的行为。例如，某研究者对其子在3至5

岁阶段提出的问题做观察记录，进而分析，最终整理出题为《对一个幼儿提出的 4 000 个问题的分析》的研究报告。

日记通常分为主题式日记和综合日记两种。主题式日记记录幼儿特定领域（如认知功能、语言行为或社会行为）的新发展和新行为。综合日记记录幼儿在各个方面发展过程中出现的新发展和新行为。

日记法记录的内容主要包括：观察对象的年龄、观察时间、观察地点、观察对象所处的环境；观察对象的发展和变化，即所发生的新行为、新事情；观察对象的表情、动作和语言等。

知识链接

我国最早使用日记法观察记录幼儿行为的是陈鹤琴。陈鹤琴以儿子陈一鸣为研究对象，从出生开始对其身心发展进行了长达 808 天的连续观察，并用文字、摄影记录，观察记录的内容包括动作、感知、记忆、思维、能力、情绪、意志、言语、知识、道德等各方面的发展状况，共记录有重要意义的事件 354 项，细致详尽，并且专章分类记录了动作发展、言语发展、学习发展、道德发展等方面的观察实录及分析。

二、日记法的优缺点

1. 日记法的优点

（1）日记法能获得丰富的细节，可以全面、详尽地了解幼儿各方面的发展，涵盖较广的层面，并且有永久性的书面记录。

例如，为分析幼儿退缩行为，幼儿淳淳的老师详细记录了淳淳在幼儿园的活动时间、活动地点、活动背景以及活动中的行为表现，见表 2–1。

表 2–1　　幼儿退缩行为观察记录表

编号	时间	地点	发生背景	行为表现
1	晨间活动	教室	淳淳是中途插到我们班的幼儿，入园已经两个月	来园时对妈妈依依不舍，在教室门口不肯进去，进入教室后一直拿着手绢在嘴上蹭来蹭去，不参加任何活动
2	区角活动	图书区		在区角游戏中，淳淳正在看一本小人书，而熙熙却将淳淳手中的书抢走，淳淳此时并未向老师寻求帮助，而是默默地拿起另一本书看了起来
3	集中活动	教室		在绘画活动中，我让幼儿画“我的好妈妈”，当别的幼儿已经差不多画得准备涂色的时候，淳淳还是慢吞吞地不肯落笔，于是我引导她：“妈妈长什么样子呢？”她没有回答我，而是看着旁边幼儿的画模仿了起来

（2）日记法通过长期不间断地记录，可以掌握幼儿的发展过程，了解幼儿在既定时间内发生行为的脉络和行为之间的关系。

例如，某篇记录的内容为“某月某日，小蚕破壳而出。某月某日，第一次蜕皮。某月某日，第二次蜕皮。某月某日，蚕身由黑变白。某月某日，蚕身由白变亮。某月某日，开始吐丝织茧。某月某日，茧成。某月某日，茧破蛾出。”这篇记录的内容具有发展的连续性，描述了小蚕到蛾的发展变化过程。

（3）日记法是把个体的发展置于真实生活的情境中加以观察，不为观察对象所察觉，观察对象的行为和心理活动没有或较少受到干扰，因此可以了解现象的真实状况。

2. 日记法的缺点

虽然日记法有诸多优点，但是日记法在当前的教育研究中却运用较少，主要原因有以下三个方面：

（1）日记法观察易带主观倾向性，如被观察的幼儿往往是研究者自己的子女，观察记录难以客观公正。

（2）日记法需长时间持续记录，比较费时费力。

（3）日记法往往用于对个别（或少数）对象的日常观察，故只能说明少数幼儿的特点与情况，缺乏代表性，难以做出有一般意义的概括。

三、日记法的运用

日记法虽然已经不常在托幼机构的教育研究中使用，但是在个案研究中依然会使用，如家长运用日记法对幼儿的行为进行记录，幼儿教师对特定幼儿的行为进行记录等。当观察者与观察对象关系较为密切或接触频繁时，日记法也常用。

第二节　轶事记录法

一、轶事记录法的含义

轶事记录法也是早期观察记录幼儿行为的一种方法。轶事记录法是研究者将自己认为有价值的、有意义的或感兴趣的事件以及可表现幼儿个性的行为事件，用叙述性语言随时记录下来，供日后分析幼儿行为使用的研究方法。轶事记录法观察和记录的行为可以是典型的，也可以是异常的，可以是表现幼儿个性的行为事件，也可以是反映幼儿身心发展其他方面的行为事件。

轶事记录法与日记法不同，它不是连续记录某一特定对象的行为及其发展，而是着重记录某种事件或信息。它要求在记录时尽量将行为或事件发生的过程及时、客观、准确、具体、完整地记录下来，不仅要记录有关行为、言谈，还要记录事件发生的背景以及与之相关联的其他情况。轶事记录可以是有主题的，也可以是无主题的。轶事记录法随时记录感兴趣的事件，不受任何时间和条件限制。

例如，某位研究者专门研究幼儿的分享行为，对幼儿与分享有关的事件进行记录。这里有一段记录幼儿分享行为的实例：两岁半的加加和奶奶坐在一起吃薯条，每人一包。加加的妈妈对加加说："给妈妈一根薯条好吗？"加加将薯条紧握在胸前，一边笑着摇头一边说："不给，这是我的。"加加妈妈皱起眉头说："可是妈妈饿了，妈妈好饿啊！"加加看看妈妈，转身从奶奶的那包薯条里拿出一根薯条，跑到妈妈身边，笑着说："给。"

二、轶事记录法的优缺点

1. 轶事记录法的优点

（1）轶事记录法操作简单而方便，只需教师在发现值得记录的典型行为和事件时将其记录下来即可，无须安排特别的情境和事件。

（2）轶事记录法可以将幼儿评价置于真实的生活与学习情境中，这一点与日记法相同，观察对象较少受到干扰。

（3）轶事记录法能为教师提供有关幼儿发展的翔实信息，有利于教师对幼儿发展的过去、现在和将来做较为准确的判断，以便更有针对性地进行教育干预。

（4）轶事记录法有助于教师发现对幼儿发展起作用的因素，进行归纳总结后制定更为合理和科学的教学安排。

（5）轶事记录法也可以为教师与家长的交流奠定良好的基础。

2. 轶事记录法的缺点

（1）轶事记录法只记录研究者认为有价值的事件，事件的价值需要研究者自主判断，判断结果受研究者的已有知识结构、兴趣等影响，所记录的事件常带有主观倾向性。

（2）轶事记录法往往不是现场记录，而是根据事后回忆做记录，回忆的内容与事实可能会有出入。例如，幼儿教师在组织幼儿活动过程中无法及时记录目标行为，需要事后补记，有可能产生遗忘或受其他因素影响干扰了记忆，造成记录的细节失真。

三、轶事记录法的运用

轶事记录法的应用范围较广，在运用时要注意弥补该方法的不足。

1. 从研究目标出发，选择观察对象。观察幼儿什么行为最值得观察和记录，幼儿有哪些特征是有研究价值的，在这些特征当中有哪些只能经由日常观察才能有效地记录并加以评价。例如，幼儿学习兴趣、情感体验、沟通能力、态度、习惯和适应模式等方面的发展（如幼儿的分离焦虑程度怎样，幼儿是如何解决问题的，幼儿是否愿意参与小组活动等），这些需要在做轶事记录时特别关注。

2. 观察记录尽量做到客观、完整、准确。为保证记录的准确性，观察后要迅速记录。观察者应随身携带笔、纸或其他设备，在发生有价值、有意义、感兴趣的行为和事件时迅速记录。

3. 当观察聚焦于几种典型行为时，要在使用轶事记录法之前对幼儿各方面的典型行为进行取样，在一段时间内集中对某种行为进行观察，这样很容易得到所需要的信息。例如，要观察和记录班内幼儿亲社会行为的发展，可以对幼儿的如下行为进行观察和记录：与同伴分享玩具、主动安慰哭泣的同伴、爱护公共物品等。预先设定观察的焦点，可以使教师轻松地获得关于幼儿发展的有用信息。此外，还需要关注某些不常见的事件，如一个内向的幼儿第一次在班上发言、一个不友好的幼儿做出友好的举动等，这些往往有助于理解幼儿行为的变化和发展。

4. 记录时要依序记录事情的开始、进展和结尾，动作活动也应重点描述，并且尽量记录中心人物的行为和语言，同时记录与之交往的其他人物的行为和反应。例如，丽丽很认真地说："我最喜欢吃香蕉！"但茜茜很坚定地说："不，我最喜欢吃蛋糕！"此时华华疑惑地问她们："你们最喜欢吃的为什么不是草莓呢？"轶事记录法要尽可能准确地记录幼儿的用词及语句，也可先记关键词，事后补齐，以便保留对话的情境和含义。

5. 把观察限定在少数需要特殊帮助的幼儿（如学习平衡木很吃力的幼儿、被拒绝的幼儿、好动的幼儿等）身上时，最好全面观察，这样有助于深入理解幼儿问题并制定有效的教育策略。在观察的过程中，需要将注意力放到少数幼儿的行为上，同时观察几个幼儿的一类行为或者几个幼儿的几类行为，并制订一个清晰可操作的观察计划。

第三节　实况详录法

一、实况详录法的含义

实况详录法是观察法中开放性最大的一种方法。实况详录法是指在一段时间内（如一小时或半天内）持续地、尽可能详细地记录观察对象所有的行为动作表现，包括目标幼儿自身的全部言行，以及该幼儿与环境、与他人的相互作用和交往情况，然后对所收集的原始资料进行分类，并加以分析的方法。

实况详录法要求观察者客观而详细地记录幼儿所有的行为动作表现以及行为发生的背景，描述时不加任何主观推断、解释与评价。以下为实况详录法记录实例：

这是一个小班的幼儿，穿着一身运动服，长得小小的、肉肉的，上身和下身的比例是1∶1，十分可爱。他正在玩他最爱也最令他好奇的弹力球。他把双手放在球的上方，双脚分开站立，两只手轻轻地把球往前一推，球往前滚动然后停住了，幼儿的嘴里发出“啊呀”的声音，大概在想“球怎么动了又停住了”。他急忙跑过去，还想把球往前推，但是球已经碰到了墙壁推不动了。幼儿发现了这点，他侧过身，两只手分别放在球的两侧，右手移动球，左手保护球不抛出，慢慢地调转球的方向，可惜又碰到了桌角。他不停地用右手推球，可球就是在桌角边打转。突然，他右手一用力，球顺势向桌角的左方滚了过去，避开了障碍物，他成功啦！他继续推球，只用一只手推球的他反而被球的作用力弄得转了半个圈，背对着球。于是幼儿用屁股顶球，可是手脚不协调的他差点摔了跤，球却只是滚动了一点点距离。在边上的妈妈哈哈大笑，幼儿也被影响得咯咯咯笑了起来，手还不停晃着。

实况详录法的目的是无选择地记录观察行为或活动的全部细节，获得对这些行为或现象的详细、客观的描述。实况详录法对记录的要求较高，用手工记录较为困难时，可以使用其他设备辅助记录，如录音设备、摄像设备等。如果需记录较长时间，可以由几位观察者轮流进行。实况详录法没有日记法记录时间长，但比轶事记录法更详尽、完整。

二、实况详录法的优缺点

1. 实况详录法的优点

（1）实况详录法在很多情况下都可以使用，适用范围比较广，不需要事先预备表格、符号记录表等。

（2）实况详录法能够提供较为详尽的行为或活动的信息以及发生的背景信息。

（3）实况详录法记录下来的资料可以较完整地长久保存，供多种目的的反复观察与分析使用，也可以将不同时期同一批幼儿的材料做纵向比较，获得发展性结论。

2. 实况详录法的缺点

（1）实况详录法对记录的技术要求较高，在人工记录有困难的情况下，通常要使用现代化的观察设备。使用现代化的观察设备需要具备一定的操作能力，而且费用较昂贵。

（2）采用人工记录对观察记录者的文字描述能力有一定的要求，恰到好处的描述能提供清晰完整的行为和事件的详细信息。

（3）由于大量实录资料才能获得有关行为或活动的有代表性的样本，因此采集资料费时费力。

（4）研究者面对大量原始记录资料时，需要花费较多的时间和精力进行加工处理。

三、实况详录法的运用

1. 观察记录要详细、全面，以描述的方法而非概括性的方式进行记录。

例如，小新拿出一个瓶子，盛满了水，自己坐下来，慢慢地喝。过了一会儿，他慢慢地站起来，放下手里的瓶子，向左转，向一个放置在约 3 米远处的瓶子走过去。走到瓶子旁边后，小新试图用一个软木塞子塞住瓶口，而塞子放在 2 米远处的钢琴上的一个盒子里，他拿着瓶子又朝钢琴走去。走到钢琴旁边后，小新把瓶子放在钢琴上，慢慢趴下从钢琴罩子下爬过，爬出罩子后他拿到了他的玩具娃娃。小新玩了会儿娃娃后把娃娃扔在地上，又去拿软木塞子，并设法将塞子塞在瓶子上。他咯咯地咬着牙齿，站起来，又坐下来。

以上描述中，无论是对小新、对瓶子、对玩具娃娃，还是对整个事件发生的全过程都进行了详细记录，其他研究者通过记录能获知事件的详细经过。因此，记录详细、全面是正确使用实况详录法的关键。

2. 一般情况下，观察者不介入当时的情境和观察对象的行为，以局外人或旁观者的身份进行观察，可以是有一定距离的观察，也可以是隐蔽的观察，如通过观察屏或暗中设置的仪器进行观察，观察对象不知情，观察者不干预其活动的发展与变化，以保证观察记录的真实性。

3. 要注意区分客观的描述和主观的解释说明，以便事后分析使用。

第四节　样本描述法

一、样本描述法的含义

样本描述法是观察者比较常用的一种观察方法。样本描述法是在特定的时间及场所对行为的发生顺序进行连续观察及描述记录的方法。该方法侧重事件本身，就像叙述一个故事。进行样本描述的观察者必须根据一些已确定好的标准观察、记录看见的所有事情及行为发生时的情况。

与实况详录法不同，样本描述法需要比较精确的细节部分的记录，教师必须在短时间内不受干扰地观察并详细记录。样本描述法记录的内容有选择性，有预先确定的标准，如要观察记录幼儿哪一方面、哪些行为表现等。样本描述法还要求观察者不能参与活动，同时尽量不引起幼儿的注意。

案例链接

人物：菲菲（4 岁女幼童）

事件：菲菲打元元

相关的人：元元（菲菲的弟弟，一岁半）

时间：2020 年 6 月 2 日下午 1：03

菲菲一直缠着妈妈，想让妈妈带她到邻居家玩耍。但妈妈坚决地拒绝了她的要求，进屋去了。这时，元元正在院子里玩耍。

元元捡起了一只罐头桶，摇晃着，桶里有块石头咣啷咣啷地响起来。

菲菲转过身，走上去打元元的腿，打他的背，又打他的后脑勺。元元似乎知道她会这样做，当她向他走过来时，他好像知道会发生什么，畏缩起来，好像在准备挨打。

菲菲没完没了地打元元。开始时，她每打他一下他都要哭一下，但不太大声。最后，元元终于放声大哭起来。当看到元元真的大哭起来，菲菲就丢下他不管了。不过她还是念叨着："我能打你，我还能把你给扔了。"

二、样本描述法的优缺点

1. 样本描述法的优点

（1）样本描述法在观察前不需做太多准备，比较容易操作，方便快捷。

（2）样本描述法记录的内容较为详细，能掌握幼儿真实而完整的行为及过程中的关键点。

（3）样本描述法能掌握不同情境背景下的行为意义。

（4）样本描述法能提供丰富的观察资料，可作为形成观察方向及设计结构式观察程序的基础，可用来做详细的分析与量化研究。

（5）样本描述法观察记录的资料应用性好、保存时间长。

2. 样本描述法的缺点

（1）由于样本描述法需要做详细的记录，因此需花费大量的时间与精力。

（2）观察对象有限，多用于个别幼儿或小范围群体的观察研究。

（3）对于大量观察资料的分析与整理，还需要技术方面的支持。

三、样本描述法的运用

样本描述法在运用时还需注意以下几方面：

1. 观察者需要采取现场非参与式的记录模式，避免对研究造成影响，保证观察记录的客观性。

2. 观察者需在事前先决定好观察的时距，每次观察时间不宜过长。

3. 观察必须有预先确定的标准，详细记录的程度要依据标准而定。例如，想了解幼儿的亲社会行为，幼儿表现出的动作、与其他人谈话的内容、行为发生的原因、行为结果等就是记录的重点。

4. 使用日常语言记录，描述尽量客观、清晰，有需要可配合现代化影音设备补充记录。

5. 注意影响幼儿行为的环境因素，如影音设备可能会引起幼儿的好奇心。

1. 采用日记法记录一名小班幼儿在晨间活动中的表现。

2. 采用轶事记录法观察一名中班幼儿的攻击性行为。

第三章
幼儿行为观察方法——取样的方法

学习目标

1. 掌握时间取样法、事件取样法的含义和优缺点。
2. 能够熟练运用时间取样法和事件取样法。

幼儿的行为表现复杂多变，要在有限的时间内把观察对象所有行为都收集到是几乎不可能的，因此取样观察应运而生。取样观察是指选择有代表性的样本进行观察，从而通过样本特征对整体做出推断。按照样本类型不同，取样观察可分为时间取样法和事件取样法。

第一节　时间取样法

一、时间取样法的含义

时间取样法是指在事先设定的时间间隔内观察目标幼儿的目标行为，并记录目标行为的出现次数，借以了解目标幼儿行为模式的一种观察方法。

时间间隔包括规律性时间间隔和随机性时间间隔。规律性间隔是指事先设定固定的时间间隔，如观察 30 秒、记录 30 秒的时间间隔。随机性间隔是指随机选取观察时段，并以相同的时间观察目标，如一小时随机选取某一分钟观察，一天观察次数不等。

二、时间取样法适用的行为

时间取样法一般用于迅速记录特定行为出现的次数和频率，这种行为必须能够让观察者直接观察到并且可以准确计数，以便用于后续统计分析。

时间取样法适用于观察的行为：

1. 相同类别的行为

相同类别的行为是指具有同种属性的行为，如生活活动行为、游戏活动行为、教学活动行为等。

2. 出现频率较高的外显行为

频率较高的外显行为至少每 15 分钟发生一次，如亲社会行为（合作、分享、谦让、帮助等）和反社会行为（攻击、说谎等）。

3. 特定的行为

记录的行为是预先选定的，并在观察开始就对样本行为做推断或解释，以便在观察过程中决定是否要记录该行为。

4. 具有代表性的行为

样本行为越具有代表性，由样本推论整体的结果越可靠。

运用时间取样法的典型研究是帕顿对幼儿在游戏中的社会参与程度的研究。

案例链接

帕顿关于“幼儿游戏”的研究

帕顿是时间取样法最著名的早期研究者之一。1926 年 10 月至 1927 年 6 月，帕顿观察了 2 至 5 岁幼儿在游戏中的社会参与性行为，设计了六种反映幼儿参与社会性集体活动水平的预定类型指导观察，并赋予其操作定义，具体见表 3–1。

表 3–1 六种游戏类型操作定义

游戏类型	操作定义
无所事事	幼儿没有参与游戏活动，只是随意观望能引起兴趣的情境，如果没有可观望的情境，就玩弄自己的身体，或走来走去、爬上爬下
旁观	幼儿基本上在看其他幼儿玩游戏，有时凑上去与正在做游戏的幼儿说话、提问题、出主意，但自己没有直接参加游戏
单独	幼儿独自游戏，专注于自己的活动，根本不注意别人在干什么
平行	幼儿能在同一处玩，但各自玩游戏，既不影响他人，又不受他人影响，互不干扰
联合	幼儿在一起玩同样的游戏或类似的游戏，相互追随，但没有组织与分工，每人做自己想做的事
合作	幼儿因某种目的组织在一起进行游戏，有领导、有组织、有分工，每个幼儿承担一定的角色任务，并且相互帮助

观察时，在规定时间内对每个幼儿每次观察 1 分钟，同时根据操作定义判断每个幼儿当时所从事的活动类型，填入表 3–2。

表 3–2 幼儿社会参与性行为观察记录表

游戏类型 幼儿代号	无所事事	旁观	单独	平行	联合	合作
1						
2						
3						
4						
……						

帕顿通过分析观察资料发现：幼儿的社会性行为发展随年龄的增长而表现出顺序性，即较小的幼儿多进行单独游戏，以后逐步发展为平行游戏，最后才开展联合游戏和合作游戏。

三、时间取样法的优缺点

1. 时间取样法的优点

（1）时间取样法结构化程度较高，有详细的观察计划；观察对象固定（某位或某几位幼儿）；观察行为明确，减少了观察者在判断和推论上的变异性，提高了观察者之间的内在信度；观察时间固定。

（2）从观察过程中所需时间和精力来看，时间取样法可以迅速且客观地记录幼儿身上的目标行为，讲求经济效益。

（3）时间取样法可以同时观察多名幼儿，也可以针对同一名幼儿的特定行为进行多次观察。

（4）时间取样法能与不同的记录技巧相结合，如与描述的方法相结合。

2. 时间取样法的缺点

（1）观察准备工作耗费较多的时间和精力。

（2）从研究范围来讲，时间取样法仅限于研究出现频率较高的行为和事件（每 15 分钟至少发生一次的行为），而对于发生频率较低的行为则不宜选用时间取样法。

（3）时间取样法仅能获得各类行为发生的次数或频率，无法了解行为发生的整个过程。

（4）时间取样法只能观察到目标幼儿的外显行为，无法了解其行为发生的原因及因果关系，因此一些内在的、隐蔽的行为也不适合采用时间取样法。

四、时间取样法的运用

1. 确定观察的目标行为

观察者应进行预观察，判断要记录的行为是否适合采用时间取样法。

例如，观察幼儿发生频率较高的粗鲁行为包括离开座位、站起来、走动、跑动、跳绳和摇动椅子六种类型。

2. 给出相关操作性定义

操作性定义是指给予目标行为详尽的说明和规定，确定目标行为观察记录的客观标准。操作性定义不仅有助于提高时间取样法的信度和效度，便于不同的观察者使用同一行为标准进行观察，而且有助于观察者在观察过程中更迅速、直观地判断目标行为并及时记录。

例如，幼儿阅读行为可分为有目的阅读、无目的阅读和教师指定阅读三种。有目的阅读是指幼儿在阅读时能够有计划、有目标地按自己的意识进行的阅读，即根据自己需求进行的阅读。无目的阅读是指幼儿在阅读时无需求、无计划、无目标的随意性的阅读，即胡乱翻书等自由的阅读。教师指定阅读是指教师在某一时间内指定读物的阅读，幼儿的阅读范围受到限制，而非自由阅读。

3. 选择观察对象

根据一定的抽取标准，确定被观察的幼儿，并为选取的幼儿编号，以便记录。

例如，全班幼儿编号，从 1 号开始每隔 10 位抽取一次，选择的观察对象为 1 号、11 号、21 号等。

4. 设定观察时间

设定的观察时间包括观察时距、时距间隔和时距数目三个指标。观察时距是指一次观察时间的长度，根据行为的持续程度、记录的需要以及观察者的疲劳程度而定，一般选择 5 分钟以内的观察时距。时距间隔是指时距和时距之间的时间间隔，取决于所选取的时距长度、在此时距内所要观察的对象数目以及所要记录的细节总数。时距数目是指在观察中一共要观察多少个时距，取决于观察多久的时间才能获得具有代表性的行为样本。

例如，选择 6 名幼儿，每周一、周三、周五下午 3：00—4：00 进行观察，时距为 10 分钟，间隔为 5 分钟，15 分钟循环一次，共观察 12 次。

5. 设计观察记录表

设计观察记录表的首要原则是简单性和实用性，使观察者能够比较方便且快速地进行记录。

例如，选择 5 分钟时距，观察 3 名 6 岁幼儿的捣乱行为，设计观察记录表，见表 3–3。

表 3–3　6 岁幼儿的捣乱行为频数观察记录表

行为类别 / 行为次数	幼儿 A	幼儿 B	幼儿 C
粗鲁行为			
跪、坐、躺			
侵犯别人			
扰乱别人			
说话			
叫嚷			

续表

行为类别 行为次数	幼儿 A	幼儿 B	幼儿 C
噪声			
转方向			
做其他事			

注：（1）粗鲁行为：离开座位、站起来、走动、跑动、跳绳、摇动椅子。
（2）跪、坐、躺：跪在椅子上、坐在脚上、横躺在课桌上。
（3）侵犯别人：投掷、推、撞、拧、拍、戳及用东西打其他幼儿。
（4）扰乱别人：抢夺他人东西、破坏同伴所有物。
（5）说话：与同伴讲话、喊叫、唱歌。
（6）叫嚷：哭闹、尖叫、故意咳嗽、吹口哨。
（7）噪声：发出咯咯声、撕纸、鼓掌、敲击书桌。
（8）转方向：把头和身子转向其他幼儿、向别人展示东西。
（9）做其他事：玩弄东西、解自己鞋带等。

6. 进行观察

首先，要仔细观察，使用精确的计时工具，注意观察的起止时间、时距和时距间隔，严格按照操作性定义判断目标行为是否出现，相似行为要注意区分。其次，填写记录要求及时、准确、客观、真实、完整、清晰，以便对量化资料进行统计与分析。

7. 观察记录

时间取样法的记录方式一般分为检核法和计数法两种。

（1）检核法

检核法是指记录观察时间段内目标行为是否出现。可以为每位幼儿设计一份列有行为项目的表格，只要幼儿在观察时间段内出现这些行为项目，即可在表上做记录，也可以对被观察的幼儿团体进行记录，如幼儿粗鲁行为记录表（一）（见表 3–4）。

表 3–4　幼儿粗鲁行为记录表（一）

时间段	日期	起止时间	行为是否发生	备注
1	7 月 25 日	上午 10：00—10：15	√	小明
2	7 月 25 日	下午 3：00—3：15	√	小红
3	7 月 26 日	上午 10：00—10：15	√	小强、小明
4	7 月 26 日	下午 3：00—3：15	×	
5	7 月 27 日	上午 10：00—10：15	√	小明
6	7 月 27 日	下午 3：00—3：15	√	小强

但是，如果研究的目的不仅限于目标行为是否发生，而是需要进一步了解目标行为在观察时间段内发生的次数，则需要采用计数的记录方式。

（2）计数法

计数法是指在所观察的时间内记录目标行为出现的次数，如幼儿粗鲁行为记录表（二）（见表 3–5）。

表 3–5　　幼儿粗鲁行为记录表（二）

时间段	日期	起止时间	行为发生次数	备注
1	7 月 25 日	上午 10：00—10：15	1	小明
2	7 月 25 日	下午 3：00—3：15	1	小红
3	7 月 26 日	上午 10：00—10：15	2	小强、小明
4	7 月 26 日	下午 3：00—3：15	0	
5	7 月 27 日	上午 10：00—10：15	1	小明
6	7 月 27 日	下午 3：00—3：15	1	小强

检核法侧重于记录目标行为是否发生，较为简捷、高效。计数法侧重于记录目标行为发生的次数，较为详细、具体。

第二节　事件取样法

一、事件取样法的含义

事件取样法是指选择一个事件作为观察目标，记录事件发生的来龙去脉，包括说明事件发生的前因后果等详细信息的研究方法。

例如，观察幼儿的粗鲁行为，侧重于观察粗鲁行为在什么情况下发生，是什么原因导致粗鲁行为的发生，以便教师找到改善和调整该行为的方法。

二、事件取样法适用的行为

事件取样法适用的行为通常有明确的操作性定义，需要记录目标行为发生的背景、行为过程和行为结果三大部分。事件取样法经常被运用在托幼机构的研究中。

案例链接

对幼儿求助同伴行为的研究

观察时间：20×× 年 4 月 28 日

观察对象：阳阳，5 岁 8 个月

观察方法：事件取样法

观察目标：观察幼儿在科学游戏中求助同伴的情况。

观察背景：

1. 环境：1 张桌子，1 个盆，盆里有半盆水，2 个油泥盒子（已空）。

2. 人物：4 个男孩（围坐在桌子的两边，已经开始游戏，每个人面前有 1 块油泥）。

观察内容：

尝试次数	行为过程	行为结果
1	阳阳先把手放到盆里弄湿，接着将油泥放入水中，又捞了出来，放手心里搓："我的手都快搓破了。"他看了对面幼儿一眼，问："你也是这样搓的吗？"对面幼儿未回答。他把大拇指放在油泥中间压，油泥呈浅浅的小碗状。他又把油泥放进盆里，油泥沉了下去	语言求助 1 次，未成功
2	阳阳看到对面的幼儿成功了，拍了拍旁边幼儿的手，问："怎么做呢？"旁边幼儿教他，他又一次将油泥搓圆、压扁，放进盆里，油泥再一次沉了下去，他大叫了一声："啊！"	语言求助 1 次，动作求助 1 次，未成功
3	阳阳从大块油泥上取下一点点油泥，放手心里搓，搓圆后用来当弹球玩。他又两手把油泥压扁，放进盆里，油泥再次沉了下去，他问斜对面的幼儿："我的圆吗？"	语言求助 1 次，未成功
4	阳阳把手擦干净后，继续搓圆油泥，斜对面的幼儿说："可以捏了。"他把圆油泥放在桌上压扁，然后一直沿着边捏，捏出了小碗状。斜对面的幼儿说："可以放进水里了。"他将油泥放进水里，油泥这次浮在水面上了，他兴奋地说："快看，我的成功了。"	语言求助 1 次，成功

上述案例记录了幼儿在益智游戏活动中求助同伴这一特定行为，教师记录观察的场景、该行为出现的次数、行为的具体描述以及行为的结果，后期可以根据观察到的信息数据对该行为产生的原因做进一步分析。

三、事件取样法的优缺点

1. 事件取样法的优点

（1）事件取样法能全面了解行为或事件发生的过程，不仅可以获得有关行为或事件“是什么”的资料，还可以了解其背景、起因，得到有关“为什么”的线索，有助于分析可能存在的因果关系。

（2）事件取样法节省收集资料的时间，每一次目标行为或事件的出现都可以及时记录，而不是持续记录。

（3）事件取样法可用于研究比较广泛的行为或事件，没有特别的限制条件，适用范围广。

（4）事件取样法结合了符号系统与叙事描述两种记录方式，可得到定量和定性两类观察资料。

2. 事件取样法的缺点

（1）由于观察者集中观察特定事件本身，只注重行为的当时状况，不能充分了解导致行为或事件发生的条件和情境的全部信息。

（2）事件取样法常常使用文字描述记录观察的目标事件，不便于统计分析和得出推论。

（3）事件取样法不适用于偶然发生的事件。

四、事件取样法的运用

1. 确定要研究的具体行为或事件，确定其操作定义

通常情况下，要研究的行为或事件呈现频率应比较高，如幼儿的争执行为、伙伴之间的友好行为、幼儿对成人的依赖性、幼儿的社交能力等。

2. 预备性观察，选择要研究的行为

了解这类行为或事件的一般状况、发生的情境和地点，便于在最有利和适当的时机与场合进行观察。例如，观察有关幼儿的交往行为，需要选择非集体活动的时间；研究幼儿的语言，通常选择有成人或其他幼儿在场的情境下进行观察。

3. 确定需要记录的资料种类与记录形式

事件取样法记录方式较灵活，可以采用提前准备好的编码进行记录，也可以运用叙述性文字进行记录，有时观察者还可编制简便适用的记录表格。

思考·练习

1. 采用时间取样法选择某中班幼儿的告状行为进行记录。

时间段	日期	起止时间	行为发生次数	备注

2. 采用事件取样法观察一名大班幼儿课外活动时的助人行为，请自己设计表格并进行记录。

第四章
幼儿行为观察方法——评定的方法

学习目标

1. 掌握行为检核法、等级评定法的含义和优缺点。
2. 能够熟练运用行为检核法和等级评定法。

幼儿行为观察方法中描述的方法和取样的方法共同的缺点是记录难度大，且分析与统计比较难，因此人们有时运用更加简便的方法进行观察，即评定的方法。本章主要介绍行为检核法和等级评定法这两种评定的方法。

第一节　行为检核法

一、行为检核法的含义

行为检核法又称为清单法、检测表单法等。人们在买东西或者做一系列的事情之前，为了防止遗漏，往往先列出一份清单，接下来按照清单去买东西或做事情，每买完一种东西或做完一件事就在清单上划掉一项，直到全部划掉为止。行为检核法是指将一系列行为进行排列，并标明这些行为出现与否，供观察者选择其一并做出记录的方法。一般情况下，行为检核法记录的方法是二选一，即“是”或“否”、“有”或“无”，由此提醒观察者对预定的行为进行观察。

例如，表 4–1 是一份幼儿与同伴友好相处行为检核表，此表列出了幼儿与同伴相处的时候可能出现的行为项目，然后由教师观察记录，根据幼儿是否出现行为选择在相应的位置打“√”。

表 4–1　　幼儿与同伴友好相处行为检核表

项目	是	否
1. 想加入同伴的游戏时，能友好地提出请求		
2. 在成人的指导下，不争抢、独霸玩具		
3. 与同伴发生冲突时，能听从成人的劝解		
4. 会运用介绍自己、交换玩具等简单技巧加入同伴游戏		
5. 对大家都喜欢的东西能轮流分享		
6. 与同伴发生冲突时，能在他人帮助下和平解决		
7. 活动时愿意接受同伴的意见和建议		
8. 不欺负弱小		
9. 能想办法吸引同伴和自己一起游戏		
10. 活动时能与同伴分工合作，遇到困难能一起克服		
11. 与同伴发生冲突时能自己协商解决		
12. 知道别人的想法有时和自己不一样，能倾听和接受别人的意见，不能接受时会说明理由		

通过表 4–1 可以发现，行为检核法仅记录想要了解的行为出现与否，并未体现该行为的性质、发生的频率和持续的时间，也未对行为进行具体的描述。简单来说，行为检核法是一种比较封闭的观察方法，能够记录一些特定情境里发生的特殊行为。

另外，行为检核法事先需要对所要了解的行为做出界定，然后据此检核观察对象是否出现这些行为，因此行为检核法的选择程度非常高。使用行为检核法的时候，不管是单独使用，还是配合其他观察方法使用，都需要进行推断。虽然行为检核法事先需要对所要了解的行为做出界定，但有时会遇到某些行为无法归类的情况，此时必须确定该行为是否与原先的界定相符，以此进行判断。

二、行为检核法的优缺点

1. 行为检核法的优点

（1）行为检核法易于使用。行为检核法可以让观察者高效地记录行为出现与否，操作起来非常简便，可以进行综合与比较，并且能够进行量化处理，节省观察者的时间和精力。此外，行为检核法能运用于多种情境，如幼儿的进餐、午睡、自由活动等。由于使用行为检核法前需要做十分细致的准备工作，尤其是事先界定所要观察的行为及行为包含的具体内容，因此观察目标非常明确，便于观察者获得想要了解的信息。

例如，教师为了解中班幼儿区角活动情况，编制了表 4–2“中班幼儿区角活动检核表”，每天进行观察记录。

表 4–2　　中班幼儿区角活动检核表　　年　月　日

内容 幼儿代号	拼图	沙箱	排排队	串线画图	树枝画	科学玩具	黑白棋	装扮游戏	建构游戏	团体活动时间	自然角	图书角	备注
1													
2													
3													
4													
5													
6													
……													

从表 4–2 可以明显看出，检核表具有三方面的作用：每天使用一份检核表，可以获得幼儿每日的活动记录；能了解幼儿参与各种区角活动的情况；有助于教师制订课程计划。通过分析表格，教师能够了解幼儿最喜欢的活动是什么，不感兴趣的活动是什么，并据此调整此后活动的内容。该表格记录了幼儿一日的区角活动情况，使用这份表格可以对幼儿观察一周甚至更长时间，具体了解每个幼儿的情况。例如，在观察的第一天，6 号幼儿未参加科学活动，继续观察一周他是否参加。如果他一直没有参加科学活动，教师就要寻找他不参加的原因并鼓励他参加。

（2）行为检核法既可以判断幼儿身心发展情况，又可以检测教育干预的效果。教师可依据实际情况对幼儿的行为表现进行观察记录，并比较教育干预前后幼儿的行为表现。例如，可以使用表 4–2 一个学期或更长时间，然后比较幼儿的行为表现。托幼机构常使用行为检核法向家长说明幼儿在机构的表现，教师运用期初和期末的行为检核表可以帮助家长了解幼儿的进步和不足。

（3）行为检核法适用范围较广泛，可与其他观察方法配合使用，如与时间取样法、事件取样法、调查法、测验法等配合。

2. 行为检核法的缺点

行为检核法最主要的缺点是只记录行为是否发生，而对于行为在什么情境下发生、怎样发生及后续发展如何等都缺乏详细的记录。因此，在运用该方法时要注意根据观察目标谨慎配合其他观察方法使用。

例如，教师在使用表 4–2 后发现某个幼儿很少参与艺术活动，为进一步查明原因并据此改变教育策略，教师可运用实况详录法观察该幼儿的具体情况，这样才能在一定程度上发挥行为检核法的优点，弥补其不足。

三、行为检核法的运用

行为检核法与其他方法相比，使用更简单方便，是幼儿教师进行幼儿行为观察时最常用的方法之一。但在使用行为检核法前要制订周密而详尽的计划，核心是确认所要观察的行为。

1. 列出所要观察行为的重要项目

例如，王老师是一名大一班的幼儿教师，她需要了解本班幼儿的语言能力。经考虑，王老师决定采用行为检核法。首先，她对大班幼儿可以具备的语言能力进行分析，然后列出她认为重要的项目：

（1）倾听能力。

（2）表达能力。

（3）文明用语习惯。

2. 列出目标行为

列出重要项目后，再分别列出这些项目对应的目标行为。

王老师针对“倾听能力”项目设计了以下目标行为：

（1）在集体中能注意听教师或其他人讲话。

（2）听不懂或有疑问时能主动提问。

（3）能结合情境理解一些包含因果、假设等复杂句式的句子。

3. 按照逻辑组织目标行为

列出目标行为后，接下来的工作是将目标行为按照一定的逻辑进行组织，如按照观察者的习惯、幼儿活动的时间顺序、幼儿活动的场地顺序、行为的难易程度等组织目标行为。

王老师依照行为类别设计了表 4–3“大班幼儿语言能力检核表”。

表 4–3　大班幼儿语言能力检核表

类别	项目	是	否
倾听能力	1. 在集体中能注意听教师或其他人讲话		
	2. 听不懂或有疑问时能主动提问		
	3. 能结合情境理解一些包含因果、假设等复杂句式的句子		
表达能力	1. 愿意与他人讨论问题，敢在众人面前说话		
	2. 会说本民族或本地区的语言和普通话，发音准确、清晰。少数民族聚居地区幼儿基本会说普通话		
	3. 能有序、连贯、清楚地讲述一件事情		
	4. 讲述时能使用常见的形容词、同义词等，语言比较生动		
文明用语习惯	1. 别人讲话时能积极主动地回应		
	2. 能根据谈话对象和需要，调整说话的语气		
	3. 懂得按次序轮流讲话，不随意打断别人		
	4. 能依据所处情境使用恰当的语言，如在别人难过时会用恰当的语言表示安慰		

4. 根据观察目标编制记录表

每位观察者都有不同于他人的观察目标，因此在编制行为检核表时一定要体现出观察者的观察目标。

在检核大班幼儿语言能力时，王老师有两个观察目标：一是观察幼儿进入大班时是否具备这些能力；二是如果幼儿进入大班时不具备这些能力，则要观察记录该能力出现的时间。若要达到第二个目的，检核表中除了要添加幼儿的姓名、观察日期等信息外，还需要加一个项目，即“如果为‘否’则记录首次出现的时间”，具体见表 4–4。这样，王老师就能了解幼儿未达到的能力，期末时还能查看个别幼儿出现这些能力的时间。

表 4–4　　大班幼儿语言能力检核表

幼儿姓名：　　　　　　日期：20×× 年 9 月 17 日

类别	项目	是	否	如果为“否”则记录首次出现的时间
倾听能力	1. 在集体中能注意听教师或其他人讲话	√		
	2. 听不懂或有疑问时能主动提问	√		
	3. 能结合情境理解一些包含因果、假设等复杂句式的句子		√	9 月 26 日
表达能力	1. 愿意与他人讨论问题，敢在众人面前说话	√		
	2. 会说本民族或本地区的语言和普通话，发音准确、清晰。少数民族聚居地区幼儿基本会说普通话	√		
	3. 能有序、连贯、清楚地讲述一件事情		√	10 月 9 日
	4. 讲述时能使用常见的形容词、同义词等，语言比较生动		√	10 月 15 日
文明用语习惯	1. 别人讲话时能积极主动地回应	√		
	2. 能根据谈话对象和需要，调整说话的语气	√		
	3. 懂得按次序轮流讲话，不随意打断别人		√	10 月 23 日
	4. 能依据所处情境使用恰当的语言，如在别人难过时会用恰当的语言表示安慰		√	11 月 8 日

5. 完善记录表

行为检核法通常包含两部分。一部分是具有稳定性的描述项目，如观察对象的年龄、性别、家庭情况和物理环境的特点等。这些项目可以打破时间与情境的限制，随时做记录。另一部分是活动式检核项目，即观察的重点——行为。如果幼儿在观察时段内出现检核表中的行为项目，就在表中相应位置做记录。

行为检核法经常被托幼机构使用。幼儿教师可以根据幼儿的具体情况自行制定行为检核表。例加，幼儿教师想了解本班幼儿具有哪些特殊的技能，如谁可以跳过 15 厘米高并双脚一起落地，谁可以参加角色扮演等，可以采用行为检核法进行观察记录。再如，教师想了解幼儿在家里都干些什么，也可以采用行为检核法，让家长参与观察记录。

第二节　等级评定法

一、等级评定法的含义

如果想了解幼儿某些行为是否发生，采用行为检核法是非常适合的。但很多时候观察者不仅想知道行为发生与否，还想了解行为发生的程度和频率，这时就需采用等级评定法。等级评定法是对观察对象某种行为的程度进行评定的一种方法。

例如，教师想了解本班幼儿的社会适应能力，于是设计了表4–5“幼儿社会适应能力观察记录表”。

表4–5　幼儿社会适应能力观察记录表

幼儿姓名：　　　　年龄：　　　　性别：　　　　日期：

类别	生活行为表现	适应程度				
		5	4	3	2	1
群体生活	1. 愿意并主动参加幼儿园群体活动					
	2. 愿意与家长一起参加社区的一些群体活动					
行为规范	1. 了解规则的意义，并能基本遵守规则					
	2. 不私自拿不属于自己的东西					
	3. 知道说谎是不对的					
	4. 知道接受了的任务要努力完成					
	5. 在提醒下，能节约粮食、水电等					
归属感	1. 喜欢自己所在的幼儿园和班级，积极参加集体活动					
	2. 能说出自己家所在地的省、市、县（区）名称，知道当地有代表性的物产或景观					
	3. 奏国歌、升国旗时能自动站好					

评价标准：“5”表示做得非常好，“4”表示做得很好，“3”表示大部分做到，“2”表示很少做到，“1”表示无法做到。

等级评定法一般不需要在现场边观察边记录，而是事后凭借对观察对象行为的记忆完成记录工作。等级评定法可以方便快捷地概括观察印象，所以在观察活动中常被运用，如测量幼儿认知和人格的量表使用的就是等级评定法。

由于等级评定法是对观察的结果做出评定，所以严格来讲，它并不能算作一种直接的观察方法，而是一种评估方法。使用等级评定法时需要当即做出评定，虽然观察者是对观察后才了解的行为进行判断，但如果在使用的过程中不及时做出判断，是无法对行为的等级进行准确评判的。

等级评定法有几种类型，其不同主要表现在量表设计方面，包括数字等级量表、图形量表、标准化量表、强迫选择量表等。使用等级评定法时可依据不同的观察目标选择不同的量表，其中最常用的是数字等级量表。

数字等级量表是将某种行为的程度标记在定义好的序列数字上，观察者根据观察对象的实际情况进行判断，在认为最适合的数字上做记号。数字等级量表最常采用 5 个等级。表 4–6 是某幼儿教师设计的研究幼儿探究能力的五点量表。

表 4–6　幼儿探究能力观察评定量表

行为表现	等级				
	5	4	3	2	1
对感兴趣的事物能仔细观察，发现其明显特征					
能通过观察、比较与分析，发现并描述不同种类物体的特征或某个事物前后的变化					
能根据观察结果提出问题，并大胆猜测答案					
能用一定的方法验证自己的猜测					
能在成人的帮助下制订简单的调查计划并执行					
能用数字、图画、图表或其他符号记录					
能在探究中与他人合作、交流					

评价标准：“5”表示极多见，“4”表示常可见，“3”表示普遍，“2”表示不常见，“1”表示极少见。

二、等级评定法与行为检核法的异同

等级评定法和行为检核法类似程度很高，都是观察者通过自己的判断进行记录，都既能在现场直接观察与记录，也能事后进行记录。两者都缺乏对行为的具体描述，也没有体现行为的原因，需要等待行为的发生。

两者的区别是，行为检核法是判断行为出现与否，而等级评定法则是判断行为的程度。因此，等级评定法要想有效，就要预先设定好等级评定表。等级评定法一般有2 ~ 5个等级，需要观察者做出判断，如判断幼儿的某个行为是“经常发生”还是“偶尔发生”。为了克服主观性的影响，提高资料价值，可采用不同的观察者对同一观察对象的行为做重复判断的方式。此外，行为检核法在记录、编码与分析的时候更容易；而等级评定法易于使用，并能运用于大样本的观察。

三、等级评定法的优缺点

1. 等级评定法的优点

（1）等级评定法便于设计与使用。由于等级评定法只是运用数字表示行为的程度，和运用文字记录相比，操作起来更加简便，省时省力。此外，由于等级评定法采用数字做记号，在分析材料的时候也比较方便。

（2）等级评定法适用范围较广泛，不管是对幼儿每日生活各个环节行为表现的了解，还是对幼儿能力等方面的探究，都能运用此方法。

（3）等级评定法能保证个人感知与现实的一致性，它是先对幼儿做出评定，然后再进行实际观察，因此等级评定法常配合时间取样法使用。若两种方法所得结果相近就说明结果没有问题，若两者结果差异过大就需要调整方法。

（4）等级评定法可以用于个别差异的比较。通过评定表比较幼儿之间的不同之处，找出差异，据此调整教育方法。例如，教师运用表4–5对不同幼儿进行评定，发现甲幼儿在行为规范方面表现比较差、乙幼儿在归属感方面需要提升等。

2. 等级评定法的缺点

（1）等级评定法的主要缺点在于该方法是由评定者通过主观判断进行评定，如果只有一名评定者，结果往往不够客观。

运用该方法进行评定时，可能会出现以下几种错误。

1）收集的资料不太可靠，在评定的过程中很可能会对评定对象的行为高估或者低估。对于同一个行为，甲幼儿也许被判断为“5”，乙幼儿却可能被判断为“3”。这种差别可能是受到评定者对评定对象原有印象的影响，或者是因为评定者对等级评定表中语句的理解存在偏差。这种情况通常出现在多位评定者共同评定时。

2）在评定过程中，评定者往往存在“集中趋势”“月晕”、逻辑错误等问题。

"集中趋势"是指评定者为了避免过于极端，常常选择中间的答案，这样就容易导致评定等级出现误差。例如使用五点评定量表时，评定者往往倾向于选择第三个等级。"月晕"是指评定者在进行评定时受不完全相关因素的影响，导致错误的判断。例如，对某幼儿进行评定，先前了解到他的哥哥具有争执行为，便认为他也必然具有争执行为，从而在评定时出现错误。逻辑错误是将近似但并不完全相关的两个项目做出一致的评定。例如，认为某个幼儿比较内向，就认为他一定不主动和他人说话。

3）等级评定表本身出现错误，影响评定效果。有些评定表词语表述不准确，不像时间取样法、事件取样法一样对行为下操作性定义。

（2）等级评定法只记录行为的程度，没有具体的语言描述，也没有行为发生的情境和原因，无法获得行为的因果关系。

（3）等级评定法所涉及的行为，有些社会比较认可，有些则正好相反，行为的这种性质可能影响评定的结果。

四、等级评定法的运用

了解了等级评定法的优缺点，运用时就能尽量发挥其优点、避免其缺点。等级评定法在运用过程中要注意以下几方面。

1. 编制等级评定表时要保证质量

评定者尽可能使用一些现成的、可靠性较高的量表。但由于每位观察者都有不同于他人的研究目的，因此编制等级评定表也是常要做的事。在编制等级评定表时，应注意遵循以下几个原则。

（1）等级评定表中的语句表述应简洁、明了，尽量采用简短且易于理解的文字。

例如，在"3～6岁幼儿争执行为评定表"中运用了诸如"抢同伴的玩具""排队时抢在同伴前面"等语句，十分简单清楚。

（2）确定用语和提示都要与被评定的项目一致，所运用的语句和提示都要能确切地说明被评定的项目。

例如，评定者想要了解唐氏综合征儿童的生活适应能力，经分析，认为其生活适应能力可以从以下五个方面了解，即"生活自理能力""认知动作能力""注意力""记忆力"和"语言表达能力"，其中"生活自理能力"应包括"能自己用餐""上厕所时可以自己穿脱裤子"等内容，见表4-7。

表 4-7　　唐氏综合征儿童生活适应能力观察记录表（部分）

类别	生活行为表现	适应程度				
		5	4	3	2	1
生活自理能力	1. 能自己用餐					
	2. 上厕所时可以自己穿脱裤子					
	3. 会自己洗澡、刷牙、洗脸，并收拾用具					
	4. 会收拾自己的书籍、玩具					
	5. 会按红绿灯指示通过马路					

评价标准："5"表示做得非常好，"4"表示做得很好，"3"表示大部分做到，"2"表示很少做到，"1"表示无法做到。

（3）用词需谨慎。每个词只表述一个意义，避免重叠使用一个字或词。还要注意不使用一般性的词汇，如"很""很好"等。表示行为的用词应避免价值判断，如好的或坏的行为，以免影响评定者的判断。

2. 认识到等级评定法不是万能的

在运用等级评定法前要考虑可否采用可靠性更高的方法，如采用时间取样法等，若有其他更为可靠的方法，建议不使用等级评定法。

3. 尽量避免评定者个人的错误

评定时要避免"集中趋势""月晕"、逻辑错误等问题。另外，要避免跳跃式评定，应评定完某一项目后再评定下一个项目，否则可能会对评定者造成影响。

思考 · 练习

1. 运用行为检核法观察记录一组幼儿的平衡能力。

2. 运用等级评定法观察记录一组幼儿的美术创作能力。

第五章
幼儿行为观察准备与实施

学习目标

1. 了解幼儿行为观察的准备和具体实施。
2. 掌握幼儿行为观察的记录方法。
3. 掌握幼儿行为观察的注意事项及信度和效度。

第一节　幼儿行为观察准备

在进行幼儿行为观察前，要做好一系列的准备工作。

一、幼儿行为观察的理论准备

幼儿行为观察的理论准备在幼儿行为观察的前期准备中具有十分重要的作用。从观察方案的设计到实施再到对行为的评价与分析，都需要儿童发展理论的支撑。

儿童发展理论为设计观察方案提供科学依据和理论支持，并为提出发展适宜性策略提供了可能性。在进行幼儿行为观察前，要了解并掌握常用的儿童发展理论，如华生的行为主义、斯金纳的操作行为主义、班杜拉的社会学习理论、皮亚杰的认知发展理论和维果斯基的社会文化理论。常用儿童发展理论的主要观点及适用范围见表 5-1。

表 5-1　常用儿童发展理论的主要观点及适用范围

发展理论	主要观点	适用范围	举例
华生的行为主义	1. 习惯是适应环境的结果 2. 习惯是形成的条件反射 3. 强调练习的作用	解释儿童新行为（含不良行为）的形成原因	观察者发现彤彤在玩洋娃娃时有撕拽的现象，通过观察其日常行为，发现她在一些动画片里接触到了暴力行为，从而得出结论：彤彤在看动画片时习得了暴力行为，需采取消极强化手段帮助其改正
斯金纳的操作行为主义	1. 强化能够塑造儿童的行为 2. 强化分为积极强化和消极强化		
班杜拉的社会学习理论	儿童通过观察学习而习得新行为		
皮亚杰的认知发展理论	1. 儿童具有自我中心思维 2. 学前儿童处于道德发展的他律阶段 3. 教育无法超越儿童的认知发展阶段	1. 解释儿童具有自我中心性的各种行为 2. 理解儿童对成人和规则尊崇的行为 3. 解释儿童根据行为的后果判断是非的现象 4. 理解儿童无法接受超越其认知发展水平的教育的现象	观察者发现中班的佳佳在向同班幼儿讲述自己的画时，把画对着自己，在教师的要求下，佳佳才把画对着其他幼儿，但是一会儿又把画朝向自己了。观察者得出结论：佳佳的行为体现了其无法摆脱自我中心的思维限制
维果斯基的社会文化理论	1. 语言是儿童解决问题等高级认知过程的基础 2. 儿童在和成人交往的过程中，实现认知的发展	1. 解释儿童解决问题时的自言自语现象 2. 理解儿童与成人之间的相互作用及不同年龄儿童之间的相互作用	观察者发现军军在拼图时一直自言自语，对此做出解释：自言自语是军军自我指导的表现

二、幼儿行为观察的技术准备

在幼儿行为观察前要做好技术准备，即学会幼儿行为观察的方法，包括描述的方法、取样的方法及评定的方法。观察者要掌握观察方法的含义、优缺点及运用，以便在进行幼儿行为观察时选择适当的方法。此外，观察者还要准备好观察工具，常用的工具有便笺、笔（不同颜色以便记录整理时区分）、夹板（便于没有桌子时使用）、相机等。

观察工具要放置在便于取放的地方，如工具箱或幼儿学习区某一角，摆放要整齐有序，使用后及时归位，以便下次使用，同时为幼儿树立良好的榜样，培养其秩序感。

三、幼儿行为观察的心理准备

幼儿行为观察者需要做好充分的心理准备，要认识到幼儿行为观察的价值，通过观察幼儿的生活活动情况，了解每个幼儿的表现，并能够采取相应的措施给予幼儿帮助和指导，引导其健康成长和发展。另外，观察者要具备专注力、耐心、细心和专业道德。

观察内容：

幼儿教师常常在中班上学期听到以下话语：“老师，我不会穿鞋子。”“老师，我不会画小鸟。”“老师，我不会切苹果。”……

评价与分析：

对此，幼儿教师应有耐心，结合幼儿的身心发展特点和教养环境进行思考，寻找幼儿“我不会”背后的需要，如精细动作发展的需要。中班幼儿的手指动作较灵活，能够做一些精细动作，如自己系纽扣、穿珠子、折纸等，而且动作质量显著提高。但由于刚刚从小班升到中班，他们体验生活、周围环境的经验不足，所以精细动作发展水平还不高，这时教师就要提升幼儿对自我能力的认知和肯定。

第二节　幼儿行为观察注意事项

一、避免引起观察对象的注意

在幼儿行为观察过程中，幼儿教师多以参与者的角色出现，这样不但易于幼儿接受，而且不会对幼儿造成不利影响。因为当幼儿的活动场所出现陌生人时，会产生“霍桑效应”，即当观察对象发现自己被观察时，会试图取悦观察者。所以观察者要避免引起观察对象的注意，以减少负面影响。

怎样才能不引起幼儿的注意呢？要知道，任何陌生人出现在幼儿的活动场所都会引起幼儿的注意，直至陌生感消失。如果条件允许，可采用单向玻璃，使幼儿在不受干扰的情况下自由表现自己。但是，对于某些观察内容，如对语言的观察，运用单项玻璃效果就不是很好。所幸幼儿行为的观察者大多是幼儿教师或幼儿熟悉的人，这样就能为观察提供一个相对宽松、自由的环境。不干扰幼儿的活动，才能使幼儿的行为自然发生，从而获得有关幼儿的真实信息。

另外，观察者要尽可能不让幼儿知道自己处于被观察的情境，不让幼儿发现观察者的意图，这样才能获得可靠的资料。如果观察者是陌生人，要先进入幼儿的活动场所和幼儿接触并熟悉，这样才能促使幼儿行为的自然发生。

观察时，观察者要做一个“隐身者”，和幼儿保持一定的距离，以免干预幼儿的行为。要让幼儿感觉不到被观察，而是享受观察者充满关爱的关注和陪伴，从而减少顾虑，展示真实的自我。例如，观察者可以站在幼儿的侧后方，这样既能观察到幼儿，又不易被幼儿察觉，使幼儿在心理上获得安全感。再如，观察者可以用眼睛的余光观察幼儿，避免紧盯给其造成紧张感，如果与幼儿的眼神相接触，可迅速转移视线。

二、专业道德

专业道德是任何观察活动的必要因素。为了研究幼儿的行为，观察者要对幼儿的各种反应做记录、分析和评估，这些涉及幼儿隐私的资料可能会引起家长或教师的担忧。因此，观察者在进行行为观察时要注意以下问题：

1. 无论观察对象年龄多大，他都有要求观察者停止观察的权利。若幼儿自己不愿参与观察，当他的家长提出该要求时，观察者必须停止观察。当讨论隐私问题时，也不能忽略家长有决定子女是否被观察的权利。如果家长同意子女被观察，最好能够签订一份书面协议。

2. 观察过程中不得对幼儿造成生理和心理伤害。如果不能确定是否会伤害幼儿，应和观察团队重新审查。

3. 观察者要注意保护幼儿及其家长的隐私，并关心他们的感受。在观察过程中可能会发现某些幼儿的缺点，家长也常常把自己的孩子与其他幼儿做比较，当自己的孩子某些表现不如其他幼儿时，他们会感到不舒服。因此，观察者要特别留意家长的感受。为了避免伤害，不要记录幼儿的真实姓名，当和某些必要人士讨论观察见闻时，要做到只描述现象而不过多评论。

4. 观察记录不能公开，如同医生对待病人的病历一样。

5. 观察者不能因给予幼儿礼物、报酬或其他服务而违反上述原则。

三、影响观察的若干因素

幼儿行为观察并不是一件简单的事情，以下几个方面都会对观察结果造成影响。

1. 观察者的敏感度

观察者的敏感度会影响其对幼儿行为的观察和记录，从而影响材料的收集。

2. 疲劳

疲劳会导致观察者注意力分散。生病、身体不适或来自内外界的干扰都会影响观察效果，观察者需要尽力克服。

3. 观察者的个性特征

观察者的经验、需求、情绪、态度等，不仅影响观察过程，还会影响观察重点。例如，观察者偏爱或不喜欢某种行为表现的幼儿，都会使观察评价产生偏差。

偏差不能完全消除，但可以控制。观察者尤其注意不要对幼儿进行任何负性评价。例如，当观察者说某个幼儿依赖性很强，旁人听了就会认为该幼儿不能独立，然而实际情况是这些评价只是观察者根据部分观察所做出的评价。

4. 情境

情境也是一个影响因素，如同伴关系、空间大小、器材、光线、气温等。同伴关系影响互动，空间大小影响观察者与观察对象的距离，器材影响幼儿的兴趣，光线、气温影响幼儿的情绪状态。

知识链接

观察者与幼儿对话时要保持敏感度，随时做好和幼儿进行互动的准备。当幼儿发起会话时，观察者要停下手头的工作，眼睛注视幼儿，真诚而有耐心地与其交流。当观察者发起会话时，可用询问的口吻，如“怎么了”“在想什么”“干什么呢”。观察者和幼儿对话时，要仔细倾听，了解其行为背后的需求、兴趣和动机。

四、幼儿行为观察的信度和效度

幼儿行为观察是一种有目的和计划的科学研究，不同于日常生活中的随意观察，因此研究的可信度和有效性必然要格外关注。观察结果的可信度和有效性主要取决于观察的信度和效度。信度和效度两者关系密切，信度是效度的必要条件。

1. 幼儿行为观察的信度

信度是指研究所测得结果的可靠性和稳定性。在幼儿行为观察中，观察信度是指观察研究的精确程度和稳定程度。精确程度是指对于一些类似但实际上有差别的行为，观察者是否可以准确地把握二者的差别并加以区别对待。稳定程度是指观察者在观察过程中，对行为的描述、判定和观察者的状态等前后是否保持一致。影响幼儿行为观察信度的因素有：观察项目操作性定义的精确程度，观察者对幼儿行为观察目标的理解及对观察方法的掌握，观察者的身心状态，观察者对幼儿原有的印象。

要提高观察的信度，应在观察前对观察者进行培训，设计观察方案时提供具体、明确的观察行为的操作定义，并根据观察者的身心状态、注意力等合理安排观察任务。

2. 幼儿行为观察的效度

效度是指研究结果与所要测的事物属性的符合程度。在幼儿行为观察中，要考虑观察效度，即对幼儿行为的观察结果与现实的符合程度。对幼儿进行行为观察，既要有质的研究，又要有量的研究。观察的效度主要包括内容效度、描述效度和解释效度。

内容效度指测验内容的有效性，主要关注观察的量的研究。要提高幼儿行为观察的内容效度，必须认真设计观察项目与相关指标。

描述效度指对观察的事物进行描述的准确程度，既关注观察的质的研究，也关注观察的量的研究。提高描述效度应做到描述客观、准确。观察者要将观察到的幼儿行为，从客观的角度、用准确的文字描述出来，使阅读者身临其境。

解释效度指研究者表述被研究者赋予事物的意义的准确程度，只关注观察的质的研究。观察者摒弃自己的先见，站在幼儿的角度进行完整、连续的观察，获得足够的观察记录，是提高解释效度的有效途径。

第三节　幼儿行为观察具体实施

做好行为观察准备后将正式进入观察活动。实施幼儿行为观察时，首先要制订并执行观察计划，然后进行客观记录。

一、制订并执行观察计划

观察者确定观察目标后要据此制订观察计划，观察计划包括观察对象、观察目标、观察时间、观察地点、观察记录方法等，然后根据计划严格而灵活地执行。在观察的实施过程中，如果观察对象发生变化或发现观察计划不完善，观察者要及时对原定计划进行修改，使观察过程更符合研究目的，以便获得最佳效果。

1. 观察对象

观察首先要选定观察对象，可以是一个、一组或全体幼儿。建议观察初期选择单个幼儿进行观察。

2. 观察目标

有了明确的观察目标，才能保证观察的真实性、准确性和客观性。确定观察目标时应注意以幼儿为中心，确保行为是可以观察到的，对行为表述要准确并且能够找到参考依据，如《指南》等。

3. 观察地点

要根据观察目标选择适宜的观察地点，可以是幼儿园的一些场所，如活动室、餐厅、走廊或户外场地等，也可以是幼儿园以外的地点，如社区或家庭。幼儿园的活动室是进行幼儿行为观察的主要地点。观察时，可以在同一场景中针对同一观察目标反复进行观察，也可以在不同场景中针对同一观察目标实施观察。

4. 观察时间

观察时间的确定与观察目标密切相关。观察者要想了解幼儿某一个方面的发展状况，就要选择相应的时间段进行观察。例如，想了解幼儿和家长分别时的表现，可在幼儿入园时观察；想了解幼儿的平衡能力，可在幼儿户外活动时观察；想了解幼儿的自理能力，可在幼儿午休前后观察。

5. 观察记录方法

采用客观的观察记录方法可以确保获得正确的结论，观察者要根据观察目标选择合适的观察方法。

二、进行客观记录

观察记录贯穿于观察的整个过程。客观地进行记录是获取正确结果的保证。在观察过程中，观察者要避免个人偏见，不要把客观事实和主观推断相混淆。为了增强客观性，要利用仪器进行观察，记录时尽量用可量化的指标。若没有适合的仪器，可以让多于两个的观察者进行观察记录，通过核对记录达成一致。记录要做到及时、详细、全面。如果有时不能详细记录，则要在记录表中做好记号，待观察结束后补充完整。如果对行为产生新的观点，可做标注，为日后分析提供参考。

常用的记录方法有连续记录法、表格符号记录法和现代记录手段。

1. 连续记录法

实际中有两种情况会用到连续记录法。第一种是现场进行记录，适用于事件取样法和实况详录法。第二种是对已发生的行为进行记录，适用于日记法、轶事记录法等。

连续记录法通常用纸笔，采用文字或图像的形式进行记录，文字记录是其主要的记录形式。记录时要尽可能快速，按照行为发生顺序记录幼儿的所有情况，不要有遗漏，文字要简洁，使用具体的语言，避免使用抽象的词语。如果记录不下来，可先记录要点，观察结束后通过回忆进行补记。

连续记录法的优点是能够根据观察需要将行为的经过记录下来，供日后分析使用；缺点是记录时可能会掺杂观察者的主观想法，此外，观察过程中需要进行快速、详尽的记录，对于观察者来说难度较大。以下为连续记录法的实例：

兰兰发现户外有一个秋千，她走过去双腿直立站在秋千的木板上，两只手分别紧握秋千的两根绳子，上身保持挺直，膝盖弯曲，然后伸直，摇动秋千。兰兰的脸上带着笑容，并发出“呀呀”声。她加大了膝盖动作的幅度，秋千晃得很厉害。一会儿，她减弱了膝盖动作幅度，秋千平稳下来。她左脚跨下木板，双手握着绳子下移，右脚很快着地。

2. 表格符号记录法

表格符号记录法是采用表格以及各种符号对行为出现的频率、强度等进行记录，从而了解观察对象行为的方法。表格记录法主要有频数记录法、等级记录法和符号记录法。

频数记录法是将观察内容按行为分类和定义，列成清单，制定好表格，观察时对幼儿行为做出判断，用符号（如“√”）记录某个行为出现的次数，出现一次记一次。

等级记录法是按照等级标准，对行为进行评定的一种记录方法，在记录的时候多用数字、字母等形式表示行为的不同等级，观察者根据幼儿的实际情况在相应的选项上标记即可。这种记录方法要根据幼儿平时的表现进行等级评定，因而需要时间思考，但好处是不会有遗漏，也可以比较幼儿的个别差异。

符号记录法是采用事先规定的代码进行记录，适用于观察对象多人或观察行为多样的情况。如果采用这种方法对幼儿行为进行观察，首先要制定符号系统代表幼儿的行为，然后观察者要提前记住这些符号，并经反复练习才能正式运用。

3. 现代记录手段

采用现代技术记录幼儿的行为，可以在不受观察者记录水平的影响下获得真实、生动的资料。

摄影是最早被运用的幼儿行为记录方式。照片可以呈现和保存幼儿行为，文字记录不会和照片一样具有完整性和细节性，因此照片可以成为文字记录的提示。要采用摄影记录，首先要准备好相机，观察者熟练掌握摄影技术后再进行记录。拍照时选择好场景从不同角度进行拍摄，同时用纸笔简单记录观察时间、地点、幼儿的姓名等，以免混淆。拍照后要将照片及相关信息输入电脑，必要时可打印出来。

录音是了解幼儿语言发展情况的有效途径。运用录音的方式进行记录，不但可以记录幼儿的每一句话，还可以记录幼儿说话的速度和声音的高低。现代化的录音设备（如录音笔等）可以方便地记录幼儿的语言。在记录前，观察者要查看录音设备的录音效果，同时熟练掌握录音技术。需要注意的是，录音是一种连贯的记录方法，幼儿稍微远离录音器材就会影响录音效果，因此最好多准备几个录音器材。录音的最佳地点是安静的场所，录音时要边录边用纸笔记录时间、地点等。完成录音后要多听几遍，从中挑选出值得保存的语音制成新的录音录入计算机，备注需要的信息。

摄像是常用的幼儿行为观察方法。摄像能够获得动态的过程性的资料，在事后可以重复播放，便于观察者分析。观察者要熟练掌握摄像技术，观察前准备合适的摄像机，并检查设备电量是否充足、内存是否足够。拍摄时要注意拍摄距离适当，利用镜头的多种运动方式对幼儿行为进行有重点的跟踪。拍摄完成后重复观看，将基本信息记在每一段录像上，然后存档。必要时可挑选一些重要画面制作成照片，与幼儿教师、家长或资深研究者进行研讨。

第四节　幼儿行为观察资料整理与研究

幼儿行为观察具体实施后，要对观察资料进行整理与研究，包括观察资料的整理与分析、呈现观察结果、解释与说明、结论与建议和撰写观察报告。

一、观察资料的整理与分析

在每项观察结束后，应及时对获得的观察资料进行整理和分析，否则时间长了会遗忘观察情境。对观察材料进行初步整理后，要考虑资料是否收集齐全，有效性如何，是否需要进一步观察等。如果观察资料较多、观察的周期较长，要进行分类归档，方便日后查阅。整理资料时，对于需要做出解释的部分必须详细说明，防止遗忘。分析是了解客观现实的重要工作。观察后如果不分析就进行解释，很容易犯主观性的错误。

二、呈现观察结果

对观察资料进行整理和分析后，要以清楚的方式呈现观察结果。根据观察资料和统计分析方法的不同，可采用多种呈现方式。文字报告是最常用的呈现方式，可运用或详细或简洁的文字对观察结果进行描述。曲线图能够将不同观察时段的资料呈现在一个图表里。直方图和饼图适用于观察人数较多的情况，如某班幼儿在一段时间内接球的次数。流程图可以用来观察和记录幼儿的活动行踪，如幼儿在室内和室外的活动。网络图适用于呈现幼儿的社交情况，通过这种方法可以清楚、直观地看出幼儿的社交网络。

案例链接

观察内容：

萌萌第一天去幼儿园，并没有任何强烈的情绪和行为反应，但是第二天就不想进活动室，只要进去便又哭又闹，后面几天一直是这样。到了第二周，她又频繁要求去厕所且不让老师触碰，一旦没有得到满足就哭闹不止，要回家，怎么安慰都不管用。

评价与分析：

幼儿刚入园时，对环境感到非常陌生，心理上会出现不适应感，产生焦虑、恐惧的情绪，由此导致行为异常。幼儿情绪之所以容易冲动，是因为大脑皮质下中枢控制能力发展不足，兴奋易扩散。

三、解释与说明

呈现观察结果后，要进行解释与说明。解释时，要将呈现结果背后的意义说明清楚。解释内容包括直接和非直接观察到的事物。此外，解释与说明可以为观察结果的推广运用及持续性评价提供依据。解释决定着观察结果的意义。在进行解释与说明的时候，观察者会带入一些个人见解，但这些主观的看法并不全是负面的，它在一定程度上代表着观察者所具有的独特观点。每个人的经验、态度、能力等不同，即使两位观察者采用相同的方法观察同一个对象，也不会产生完全相同的观点。

四、结论与建议

结论是对观察结果的评价与总结，应和观察目标的表述相符。下结论时需要注意以下几点：第一，对幼儿行为的评价要具体，这样才有意义；第二，不要做绝对性的评价或假设；第三，评价要尽量客观。做出结论后，还要提出建议。建议是评价所采用的教育措施是否合理的依据。基于结论所提出的建议应符合观察目标和观察者的评价。

案例链接

观察目标：

了解张强（4 岁，男）语言能力的发展情况。

观察内容：

（略）

评价与分析：

张强的语言能力发展基本达到 4 岁幼儿的发展水平，且张强性格比较开朗，活泼好动，爱说话，在班里和其他幼儿做游戏时语言互动较多，促进了自身语言的发展。活动中张强还经常说出电视节目里的一些语言，说明张强也会通过电视学习语言。

改进措施：

成人应为幼儿创设良好的语言学习环境，使幼儿在自然、愉快的氛围中学习语言，促进幼儿语言能力的发展。

五、撰写观察报告

撰写观察报告是实施幼儿行为观察的最后阶段。观察报告主要包括观察背景、观察内容、观察方法、观察结果、建议和附录。

思考 · 练习

1. 请选择一位同学进行观察，努力做到既能观察他 / 她又不会干扰他 / 她。

2. 设计一个幼儿活动的观察记录表，写明观察对象的基本信息、观察目标、观察内容等。

第六章 幼儿生活活动观察与指导

学习目标

1. 了解并掌握幼儿生活活动的观察目标。
2. 了解并掌握幼儿进餐、盥洗、睡眠等日常生活的观察要点、常见问题及产生原因，并能进行相应的指导。

第一节 幼儿生活活动观察与指导概述

一、观察幼儿日常生活的意义

日常生活是幼儿最普通的活动，又是最重要的活动。在一日生活中，教师能了解幼儿的很多信息，因此进餐、盥洗、睡眠等日常行为是相当重要的观察资源。《指南》中提出："发育良好的身体、愉快的情绪、强健的体质、协调的动作、良好的生活习惯和基本生活能力是幼儿身心健康的重要标志，也是其他领域学习与发展的基础。"《纲要》中也提出要"培养幼儿良好的饮食、睡眠、盥洗、排泄等生活习惯和生活自理能力"。由此可以看出，幼儿良好行为习惯的培养非常重要。教师可以充分发挥观察记录的作用，了解每个幼儿的表现，并根据不同年龄阶段的发展水平和个体差异给予不同的指导与帮助，并及时做出相应的分析，以此引导幼儿在生活中不断学习、发展和成长。

案例链接

观察内容：

午餐时间到了，幼儿已经开始就餐了，唯独佳佳东张西望，没有就餐的意识。有些幼儿提醒她吃饭，她只是看看那个幼儿，并没有开始吃饭。当老师走到她身边时，她开始吃起来，但是只吃一种菜，其他的全不吃，就这样吃完这一种食物，就告诉老师“我不吃啦”。

评价与分析：

经和家长沟通得知，佳佳是个比较挑食的幼儿，经常会剩很多饭菜，怎么劝说都没用，今天又遇到了不喜欢吃的洋葱，所以一开始就磨磨蹭蹭的不愿意吃饭。佳佳在家也是如此，不喜欢吃的蔬菜就不吃，爸妈知道佳佳不吃洋葱，所以从来不做洋葱。由于家长的娇惯，佳佳养成了挑食的不良习惯。

改进措施：

首先，营造良好的进餐氛围。幼儿容易受暗示，教师可以用猜菜名的方法营造良好的餐前气氛，增进幼儿的食欲，让幼儿快乐进餐。其次，发挥榜样示范作用。幼儿爱模仿，教师可选择进餐习惯好的幼儿进行表扬，其余幼儿就会纷纷效仿该幼儿的行为。最后，对幼儿好的进餐行为进行及时强化。教师可对进餐有进步的幼儿通过口头表扬或发放小红花等方式及时进行表扬，强化幼儿的进步行为。

二、幼儿日常生活的观察目标

在观察幼儿一日生活的过程中，哪些信息是重要的呢？接下来以“幼儿喝水”这个看起来非常简单的日常活动为例，说明幼儿日常生活的观察目标。

1. 了解行为发生的原因

行为发生都是有原因的，可能是主观原因，即幼儿本身的原因，也可能是客观原因，即来自外界的原因。这种行为产生的原因可能并不明显，也可能非常明显。

例如，“幼儿为什么会去喝水”这一内容，至少可以从以下几个方面寻找原因。

（1）幼儿是否是在教师的要求下喝水？

（2）教师是否要求全班幼儿都要喝水？

（3）幼儿是否因为看到别人喝水才跟着喝？

（4）幼儿是否一时冲动而喝水？

也就是说，幼儿喝水行为的原因有多种，既可能来自自身，也可能来自外界；这种因素可能相当明显，如教师要求每个幼儿喝水，也可能并不明显，如幼儿突发奇想想喝水。

2. 了解行为发生的环境

观察者要观察行为发生时所处的客观环境。“近朱者赤，近墨者黑”，不同的环境产生不同的行为，没有任何行为是可以脱离现实环境而无缘无故发生的。

例如，“幼儿喝水时的环境如何”这一内容，可以从以下几个方面重点观察。

（1）饮水的条件和设备怎么样？

（2）这些条件和设备如何影响幼儿的喝水行为？（可关注饮水机的高矮、水杯的质地和大小、幼儿距离饮水机的远近、幼儿所处环境空间的拥挤程度等。）

（3）幼儿附近是否有重要人物（包括对幼儿重要的成人、幼儿的朋友或不喜欢的人、幼儿在意的来访者等）？他们在做什么？

由上可以看到，环境既包括物质条件，也包括“人”这一重要因素。

3. 了解幼儿的反应

除了关注行为发生的原因和环境以外，观察者还需要观察、了解幼儿的反应。

例如，针对“幼儿喝水”这一内容，观察者可以尝试从以下几个方面观察幼儿的反应。

（1）如果活动是由教师发起的，幼儿的反应如何？对于这个建议和要求，幼儿是欣然接受还是充满抗拒？

（2）如果活动是由其他幼儿发起的，幼儿是如何反应的？

（3）如果活动是由幼儿自己发起的，幼儿是如何行动的？

（4）幼儿在饮水时是否表现出特殊的表情？

（5）幼儿在过程中是否认真？是否表现出兴趣？

（6）幼儿如何喝水？是大口快速喝，还是小口慢慢喝？

观察者具体应该观察幼儿的哪些反应，还需要根据观察目标，也就是根据想了解的问题进行设定。

4. 了解幼儿的后续反应

最后，观察者还应观察、了解幼儿接下来会做些什么，幼儿的后续反应往往可以给观察者提供许多关键信息。

通过以上四个方面，观察者就能够既知幼儿行为产生的“然”，又知幼儿行为产生的“所以然”，即完整掌握幼儿行为产生的整个过程。通过这些重要线索，观察者可以更清晰地了解幼儿在日常生活中的具体情况和他们的真实感受。

第二节　幼儿进餐行为观察与指导

一、幼儿进餐行为的观察要点

进餐活动是一日活动中非常重要的一个环节。本书所讲的进餐活动指的是托幼机构早中晚三餐，以及两餐之间的点心或水果等加餐。幼儿的进餐行为是观察者经常会进行观察的一个方面，因为进餐行为不仅影响幼儿的身体健康和正常发育，而且和幼儿的身心状况密切相关。一般认为，身心健康的幼儿进餐也比较正常，反之身心不健康的幼儿往往同时存在进餐问题。

幼儿进餐活动观察的内容可以有很多方面和不同角度，以下仅是一些建议。

1. 进餐环境

序号	观察内容	选项 / 答案
1	进餐地点	餐厅 / 活动室 / 走廊 / 其他地点
2	食物供应者	班级教师 / 保育员 / 其他人员
3	幼儿是否能自行决定所要选取的食物	是 / 否
4	进餐环境	安静 / 轻松 / 嘈杂 / 忙乱
5	食物分量	充足 / 不充足
6	能否加餐	能 / 否

2. 幼儿对进餐环境的反应

序号	观察内容	选项 / 答案
1	对食物的态度	接受 / 期盼 / 挑剔 / 抗拒
2	幼儿进餐时的状态	严肃 / 轻松
3	幼儿走向餐桌时的状态	害怕 / 热切 / 积极 / 胆怯

3. 幼儿的食量

非常少 / 比较多 / 两份 / 很多肉 / 不吃蔬菜 / 总是吃不够 / 比多数人吃得多。

4. 幼儿吃东西时的态度

序号	观察内容	选项
1	是否正确使用餐具	是 / 否
2	是否会使用筷子	是 / 否
3	是否用手抓东西吃	是 / 否
4	是否边吃边玩	是 / 否
5	是否把食物留在口中	是 / 否
6	是否将食物弄得一塌糊涂	是 / 否

5. 幼儿对食物的兴趣

序号	观察内容	选项
1	是否特别喜欢或不喜欢某种食物	是 / 否
2	对食物有何评论	好 / 差
3	进餐的速度如何	快 / 慢

6. 幼儿进餐的过程

序号	观察内容	选项
1	整个过程的程序如何	
2	幼儿做了或说了什么	
3	成人做了或说了什么	

7. 幼儿进餐后的行为

（1）如何离开座位

热切地说话 / 噘着嘴 / 不声不响 / 流着泪 / 轻松推回椅子 / 敲着桌子。

（2）后续行为

绕着桌子跑 / 站着说话 / 站着等候教师 / 拿书或玩具 / 上厕所 / 帮忙整理餐桌 / 查看碗中是否还有食物。

二、幼儿进餐行为观察与指导案例分析

幼儿进餐行为观察与指导案例分析见表 6–1。

表 6-1　小班幼儿进餐情况观察记录

观察地点	小一班	观察对象	全体幼儿
观察时间	20×× 年 ×× 月 ×× 日	观察教师	刘 ××
观察目标	发现幼儿在进餐环节中存在的问题		
观察内容	今天中午吃饭时，乐乐先是拿着自己手里的勺子看来看去，同一桌的其他幼儿都喝完碗里的汤了，他才慢慢地端起自己的碗。在开始吃米饭的时候，乐乐先吃了两口，就开始左看看右看看，用勺子舀了几口米饭之后又开始四处张望，眼睛最终锁定在教室的一个玩偶身上，吃完了几口饭之后，乐乐开始望着玩偶发呆，在教师的提醒下才又开始吃饭		
评价与分析	乐乐在进餐过程中表现出明显的不专心现象，他先是看着勺子发呆，后来又四处张望，将目光锁定在教室的玩偶上。小班幼儿进餐过程中的不专心行为很常见，这主要与小班幼儿的身心发展特点有关，小班幼儿的自我控制力不是很强，注意力的集中时间也很有限，所以他们在做一件事情时容易分神		
改进措施	面对吃饭不专心的幼儿，教师应及时观察，并进行一定的介入引导，如教师可以说“吃饭吃得好的小朋友会得到老师的奖励”“吃得慢的话，饭菜就会变凉，你们的肚子会不舒服的”等。除了语言上的鼓励与引导，教师应尽可能为幼儿营造轻松愉快的进餐环境，如播放一些轻音乐，使幼儿身心愉悦，进而更好地进餐		

第三节　幼儿如厕行为观察与指导

一、幼儿如厕行为的观察要点

如厕也是幼儿日常生活中一件十分重要的事情。发展正常的幼儿应该能够控制自己的大小便，对自己的身体也会产生自然的好奇心，并愿意认识自己的身体。如果幼儿发育不良或发育滞后，则可能会在如厕方面存在一定的问题。

那么，在幼儿如厕时可以观察哪些内容呢？观察的内容可以有很多方面和不同角度，以下仅是一些建议。

1. 对幼儿园班级如厕环境的观察

（1）班级的厕所是否明亮？

（2）厕所是否有门，门是否容易打开？

（3）厕所是否分男女？

（4）厕所便池之间是否有隔断？

（5）大便池旁是否有扶手？

（6）厕所是否有儿童坐便器？

2. 对幼儿如厕需求的观察

能自己意识到便意并主动去如厕 / 需要教师提醒才能意识到并去如厕 / 意识不到便意，不愿如厕，有尿湿现象发生。

3. 对幼儿如厕过程的观察

（1）能否按要求分清性别如厕？

（2）如厕的情绪是积极的还是消极的？

（3）如厕过程能否自理？

（4）如厕中是否会弄湿自己衣裤？

（5）如厕过程中是否有不良行为？

（6）如厕后是否在厕所内逗留？

4. 对幼儿如厕后卫生习惯的观察

便后能主动用洗手液洗手 / 需成人或同伴提醒才会洗手 / 躲避洗手。

二、幼儿如厕行为观察与指导案例分析

观察背景

这天，小雅的妈妈告诉我，小雅经常一出了幼儿园的大门就要尿尿，而且还非常着急。在与妈妈的交谈中得知，小雅在家就有憋尿的习惯，不到已经快憋不住时是不会去尿尿的。看得出妈妈也是很无奈，期望老师能给予帮忙。

观察目标

纠正小雅憋尿的不良习惯，培养小雅形成根据需要及时如厕的习惯。

观察内容

在进行区角游戏活动的时候，我看到小雅的神情有些紧张，我的第一反应就是她要尿尿，我赶紧问她："小雅，你是不是要尿尿？"可她一脸严肃地告诉我："没有。"我又仔细观察了一下，发现小雅的双腿夹紧，我就对她说："没关系，老师陪着你，跟你一块儿上厕所好吗？"小雅没有拒绝，我拉着她的小手一块儿上了厕所。

评价与分析

要想改变小雅的憋尿习惯，我觉得首先教师要细心地观察，在她出现憋尿现象时及时给予帮忙。其次，要让她觉得如厕不是一件严重的事，以此来消除她的紧张情绪。第一次帮忙小雅不憋尿取得成功，我对纠正她这一不良习惯增强了信心。

观察内容

在餐前准备时，我组织幼儿如厕、洗手，当我喊到小雅那一组时，其他幼儿都大步流星地走进厕所，只有小雅没有动静，依然坐在座位上。我来到她的身边，蹲了下来，拉着她的小手告诉她："马上就要吃饭了，要去解小便洗手吃饭啦！"她一个劲地摇头说："我没有小便。"我怕强迫她去会让她更紧张，因此我就没有再要求了。吃完饭带着幼儿散步回来以后，我又再次组织幼儿如厕，来到小雅的身边对她说："马上就要睡觉了，要是不尿尿，憋着会肚子痛，到时还会尿床，好羞羞。"小雅听我这么一说，伸出小手示意要和我拉手，并对我说："老师，您陪我一起去尿尿。"小雅再一次进步了，向改掉这个不良习惯的目标又前进了一步。

评价与分析

小雅的憋尿现象不是一两天就能改变的，教师不能着急，要有耐心。她的每一次进步，教师都要及时给予肯定。同时，教师应利用幼儿的心理特征，采取有针对性的措施，以取得实效。

家园共育

经过这几天教师的耐心引导和家长的配合支持，尽管小雅还不能自己主动去如厕，但是已经能在教师的提醒和陪同下去如厕了。幼儿取得的进步与家长的配合、教师的细致观察和耐心密不可分。

第四节　幼儿午睡行为观察与指导

在幼儿园，幼儿每天都要午睡，午睡对幼儿的生长发育有着重要的意义。《指南》在健康领域生活习惯与生活能力子领域中明确规定"3 ~ 6 岁幼儿每天要坚持午睡"。但是由于幼儿的家庭环境不同，并非每个幼儿都能够做到每天坚持午睡。因此，幼儿教师需要对幼儿（特别是新入园的幼儿）的午睡情况进行观察，在此基础上制定切实有效的午睡习惯培养方案，培养幼儿养成良好的午睡习惯。

一、幼儿午睡行为的观察要点

1. 对幼儿午睡环境的观察

（1）对幼儿园午睡室环境的观察

1）午睡室是否独立？

2）午睡室空间是否宽敞？

3）幼儿床铺是一人一床、二人合铺（含上下铺）还是连铺？

4）午睡室光线是明亮、柔和还是昏暗？

5）午睡室是否通风，是否不开窗户或者开的窗户数量过少、开启太小？

6）午睡室温度偏高、正常还是偏低？

7）幼儿床褥是自备还是全园统一，是否舒适、柔软，厚薄是否适宜？

（2）对幼儿园午睡室周边环境的观察

午睡室周边环境是否安静？

2. 对教师在午睡前组织的主要活动的观察

（1）安静型的活动，如阅读、听轻音乐等。

（2）放松型的活动，如散步、在走廊晒太阳、谈话等。

（3）兴奋型的活动，如看动画片、户外游戏等。

3. 对午睡过程中幼儿各方面行为表现的观察

（1）对幼儿午睡前准备活动中状态的观察

安静等待 / 阅读休息 / 说笑交谈 / 与他人嬉戏 / 追逐奔跑 / 哭闹抵触。

（2）对幼儿入睡情况的观察

1）入睡时间：入睡快 / 慢。

2）入睡状态：独自入睡 / 需成人陪伴 / 依赖于某种特定的物品。

3）入睡中体现的自理能力：是否能自己穿脱衣服 / 是否能自己叠放衣服 / 是否能自己穿脱鞋子 / 是否能自己主动根据要求做好准备，如如厕、脱衣服等。

（3）对幼儿入睡后状态的观察

1）是否将头蒙在被子里睡觉？

2）是否有踢被子情况？

3）是否中途需要提醒如厕？

4）是否说梦话、做噩梦？

5）睡姿是仰卧、侧卧还是俯卧？

6）睡眠中是否有其他不良习惯？

（4）对幼儿午睡醒来状态的观察

1）如何醒来：自然睡醒 / 被同伴吵醒 / 被教师叫醒 / 因如厕需求醒来。

2）醒来后做什么：安静地躺着 / 自己玩或自言自语 / 找旁边的同伴说话或一起玩 / 找教师。

二、幼儿午睡行为观察与指导案例分析

观察内容

张叙没有午休的习惯，喜欢在床上玩，还会影响其他的幼儿。当大部分幼儿都沉沉地睡熟后，张叙会小声地哼唱，有时还会掐醒睡梦中的幼儿。

评价与分析

和张叙家长联系，家长反映他在家从来不午睡，家长也忙，懒得哄他睡午觉，久而久之他便养成了不爱午睡的习惯。

改进措施

我采用了循序渐进的方式促进张叙形成良好的午睡习惯。在教育张叙时，我没有要求他马上改掉不午睡的坏习惯。他开始睡不着，我就坐在他旁边，有时拍拍他，有时给他讲一个小故事，帮助他入睡。慢慢地他能睡着，但睡一会儿就会醒，醒来以后就在床上翻来翻去。我就让他起来做一些安静的游戏，如看书、做手工等，不让他觉得睡觉是一件苦恼的事。等过了一段时间，我发现他入睡的速度快了，睡眠的时间也长了。

家园共育

家园配合，共同培养幼儿养成良好的午睡习惯。《纲要》中指出“家园配合是教育幼儿最好的渠道”。如果仅在幼儿园午睡，而星期天及节假日在家不午睡的话，那他永远无法形成良好的睡眠习惯。为此，我和张叙家长联系，要求家长和幼儿园配合，使幼儿能在家中也养成午睡习惯，这样不间断地进行培养、教育，张叙逐渐养成了按时午睡的好习惯。

第五节　幼儿日常生活整体观察与指导

幼儿的行为并不是完全孤立的，他的行为模式会表现在生活的各个方面。所以，幼

儿教师应该具备对幼儿日常生活进行整体观察与指导的能力。

一、日常生活中对幼儿的观察要点

1. 对幼儿在日常生活中表现出的态度的观察

（1）入园时情绪表现是愉快、高兴、平静，还是伤心、难过？

（2）参与日常生活活动时表现得积极主动还是消极被动，或是有间接或直接的抗拒？

2. 对幼儿日常生活中能力的观察

（1）是否会穿脱衣服？

（2）是否会穿脱袜子？

（3）是否会穿脱鞋子？

（4）是否会自己正确如厕？

（5）大小便是否需要成人帮助？

（6）遇到困难时表现如何：发脾气 / 用语言表达寻求帮助 / 独自想办法解决 / 直接放弃。

（7）是否能独立完成生活中的各项活动？

3. 对幼儿日常生活中行为习惯的观察

（1）与教师、其他幼儿相处是否有礼貌？

1）入园时是否能向教师问好（主动还是被动）？

2）离园时是否会说再见（主动还是被动）？

3）是否有打骂等行为？

4）是否有独霸玩具等物品的行为？

5）是否有欺负弱小幼儿的行为？

（2）能否在各种活动结束时收拾整理自己的物品？

（3）能否做到饭前便后洗手？

（4）活动中能否专心完成任务？

（5）能否接受教师或同伴的建议？

4. 对幼儿在日常生活中情绪状态的观察

（1）在各种日常生活活动中表现出兴奋还是安静，或是厌恶不满？

（2）是否对某些活动表现出特别的喜爱？

（3）是否对某些活动表现出特别的厌恶？

（4）情绪表现是否明显？

（5）是否会在活动中希望引起他人的注意？

（6）活动中是否有自信？

5. 对幼儿日常生活中人际交往行为的观察

（1）与教师的交往态度是主动 / 被动 / 退缩躲避。

（2）与其他幼儿的交往态度是主动 / 被动 / 退缩躲避。是否有固定的玩伴？

（3）与其他幼儿交往的范围如何？

（4）喜欢和什么类型的幼儿交往？

（5）与其他幼儿交往中是否表现出性别倾向？

（6）与同伴交往中是主导者还是服从者、追随者？

二、幼儿日常生活整体观察与指导案例分析

观察对象

诺诺，两岁半，女。

观察内容

今天诺诺妈妈抱着诺诺进教室，妈妈和诺诺坐好后开始垒积木。我看到她后就担心她会有分离焦虑，因为诺诺不但年龄小，而且是一个很文静的小姑娘。可是出乎我的意料，当妈妈和诺诺说再见的时候，诺诺没有什么变化，直到妈妈走诺诺都没哭一声，我表扬诺诺是最棒的宝宝。诺诺中午吃饭、睡觉都很好。正当我窃喜的时候，第二天诺诺情绪就很不稳定，时常会哭。在我们的安慰与陪伴下，四天后当她想起妈妈时偶尔会情绪不好，等情绪过后就可以开始玩耍，并且和我们说的话也多了。

评价与分析

像诺诺这样的幼儿第一天入园时没有哭闹，往往是因为家长之前可能对诺诺说过幼儿园的很多好处，使得诺诺对幼儿园充满向往，所以第一天上幼儿园就表现得和别的幼儿不同（不哭不闹）。不过这个现象只是暂时的，毕竟幼儿园和家里不一样，有一定的时间约束，如按时上课、游戏、吃饭、睡觉等。在这些约束下，诺诺对幼儿园的印象可能就没有像家长讲得那么好，在过后的几天她就会像别的幼儿一样需要一段适应期。这就需要教师和家长多多配合，给幼儿更多的关爱和帮助，让幼儿比较快地适应幼儿园的

生活。幼儿第一次上幼儿园产生哭闹现象是很正常的，家长不必太过担心。

改进措施

1. 对胆小内向的幼儿，教师应多安慰，可以抱抱他们，摸摸他们的头，拍拍他们的肩，蹲下来与他们轻声说话，甚至亲亲他们，使他们感受到教师的可亲可爱，感受到在幼儿园的快乐。

2. 准备品种多、数量多、已消毒的适合小班幼儿的玩具、图书，让幼儿一来幼儿园就能尽情地玩耍，逐渐产生喜欢幼儿园的情感。

3. 准备一些小红花或漂亮的小贴画，奖励给那些表现好的幼儿，鼓励他们天天上幼儿园。

家园共育

1. 让家长明白：无论什么情况，都要坚持送幼儿到园，而且要放下他们就走，逗留只会增加他们对家长的依赖，他们会哭得更厉害。

2. 提醒家长不要对幼儿说“小朋友有没有欺负你”“老师批评你了吗”或者“不听话就把你送到幼儿园，让老师管你”“不听话就不来接你”等话语。这些话语无形中会让幼儿感到幼儿园是一个不好的地方，加重幼儿对幼儿园的恐惧。

3. 家长和教师可以允许幼儿带自己最喜欢的玩具来幼儿园，让幼儿在精神上有一个依托，减轻幼儿的孤独感和恐惧感。

思考 · 练习

主题：观察幼儿午睡（或者进餐、如厕等）。

1. 内容：对幼儿的午睡（或者进餐、如厕等）进行观察记录。

2. 要求

（1）在观察前先做观察计划，观察计划包括准备观察的内容、观察对象（一个或多个）和观察要点。

（2）现场观察记录后，进行整理与分析。

（3）进行小组或全班交流。

第七章 幼儿游戏活动观察与指导

学习目标

1. 了解行为观察在幼儿游戏活动中的意义。
2. 掌握幼儿游戏活动的观察要点。
3. 掌握幼儿游戏行为观察的典型方法，并了解各种方法在不同游戏场景中的运用。
4. 能够对游戏活动中幼儿的行为进行观察、分析与指导。

在学前教育教学领域，游戏既是幼儿的主要活动方式，也是幼儿教师实施教学的主要途径。幼儿教师是幼儿游戏的支持者、引导者和合作者，幼儿的游戏水平是其生理、心理、认知及社会性发育水平的体现，因此对幼儿游戏的观察、分析与指导是教师工作的重中之重。幼儿游戏种类丰富，不同类型的游戏要采取不同的观察方法，观察要点也不尽相同。本章旨在探讨幼儿游戏活动中行为观察的重要意义、游戏活动的观察要点，探寻不同类型游戏适宜采用的观察方法等。

第一节　幼儿游戏活动观察与指导概述

一、行为观察在幼儿游戏活动中的意义

1. 游戏活动中进行观察是了解幼儿的最佳途径

（1）游戏活动的观察有助于教师了解幼儿的兴趣和需要

游戏活动是幼儿的主要活动。埃里克森认为，游戏是幼儿情感和思想的健康宣泄方式，在游戏活动中，幼儿能够修复他们的精神创伤，“复活”他们的快乐经验。幼儿在游戏的过程中与周围环境和人产生互动，个体的心理得到发展。教师在幼儿游戏的过程中观察了解幼儿的兴趣和需求，从而有的放矢地引导幼儿。

（2）游戏活动的观察有助于教师了解幼儿的发展和发育水平

幼儿游戏的种类非常丰富，不同类型的游戏能够反映幼儿不同方面的发展水平，如智力游戏能够反映幼儿认知的发展水平，结构游戏能够反映幼儿的手眼协调能力，体育游戏能够反映幼儿的身体发育水平，角色游戏能够体现幼儿社会性的发展水平。在这些游戏活动中，教师通过观察、记录、分析等工作，能够客观、准确地了解幼儿各个领域的发展和发育水平，总结规律，及时调整教学内容与策略，促进幼儿的发展。

（3）游戏活动的观察有助于教师了解幼儿的个性和能力差异

由于遗传、成长环境、教育等因素的影响，幼儿的发育发展存在个别差异性。《指南》中指出：“幼儿的发展是一个持续、渐进的过程，同时也表现出一定的阶段性特征。每个幼儿在沿着相似进程发展的过程中，各自的发展速度和到达某一水平的时间不完全相同。要充分理解和尊重幼儿发展进程中的个别差异，支持和引导他们从原有水平向更高水平发展，按照自身的速度和方式到达《指南》所呈现的发展‘阶梯’，切忌用一把‘尺子’衡量所有幼儿。”《纲要》中指出：“尊重幼儿在发展水平、能力、经验、学习方式等方面的个体差异，因人施教，努力使每一个幼儿都能获得满足和成功。”在不同类型游戏中，教师能够通过观察发现幼儿身体发育、认知风格、社会性等方面的不同特点，针对每个幼儿自身的个性特征及能力差异，遵循因材施教原则进行教学，发挥幼儿的优势与特长。

室内游戏“点脚梆梆”观察记录

观察内容：

幼儿围成半圆坐好，请一名幼儿做点脚者，一边念儿歌一边用小纸棒依顺序点每个人的脚，最后点到谁的脚谁就马上缩回被点到的脚，然后再重新开始游戏。如果被点到的幼儿没能迅速缩回脚，就请他表演一个节目。陈豪在这个游戏中被点到了 4 次，每次都没能迅速缩回脚，但他很高兴地表演节目。

评价与分析：

陈豪是一个平时对班里的事很热心的幼儿，经常帮助教师做些事情，比较活跃。这次的游戏可以看出他其实会玩，但故意玩错然后表演节目。教师评价他积极活跃，有强烈的表现欲望。

改进措施：

1. 针对陈豪的个性特征和强烈的表现欲望，教师将游戏规则调整为“能够及时缩回脚的小朋友表演节目”。这样陈豪不再故意玩错，而是变为积极表现争取机会来表演。

2. 教师可以将陈豪作为榜样，点评他的表现，肯定他的行为，鼓励其他幼儿也积极投入游戏，主动争取表演机会。

2. 观察是对幼儿游戏进行有效指导的前提

案例链接

祭 奠 游 戏

装扮爸爸的马文躺在床上不动，他告诉佳佳：“我假装死了，你们就哭。”于是他和佳佳就玩起了“死人”的游戏。佳佳开始一边假哭，一边叫着：“你不要死呀，你不要死呀！”“哭声”吸引了其他幼儿都来看“死人”，有的幼儿还跪在地上磕头。

幼儿异常的行为引起了教师的注意，教师走过来说：“家里怎么了？”佳佳说：“爸爸死了。”教师假装听听“爸爸”的胸口，说：“没死，没死，还有呼吸，快救，快救，救人要紧。”幼儿一听要救人，有的抚摸，有的拿来听筒，有的拿药，有的喂水，有的抬来“担架”，还有的开来“救护车”。“医生”也开始嚷着：“准备抢救！准备抢救！”有的说准备开刀，有的说准备输血。大家玩起了救人游戏。

教师在游戏活动中对幼儿进行指导的前提是充分的观察。教师依据幼儿在游戏过程中表现出的个性特点、认知风格、心理特征、身体特征等关键信息，对幼儿进行初步分析，然后针对幼儿的不同特征进行有效指导。在指导的过程中，教师应注意以下几点：

（1）把握指导的具体时机

案例中教师捕捉到了幼儿的异常举动，发现他们的游戏主题不妥，及时参与进来，引导幼儿将游戏主题转化为积极向上、正能量的救人游戏。

（2）选择恰当的指导方式

在发现幼儿的异常行为后，教师并没有大声呵斥或者直接制止，而是迅速地参与到其中，因势利导，以委婉、机智的方式逐渐把游戏主题引导为积极向上的方向。

（3）选择有效的指导策略

案例中的教师在参与游戏后，先是询问“爸爸”的情况，然后赶紧对幼儿说爸爸还有救，这时游戏主题迅速转变为“救人”，于是幼儿纷纷充当不同的角色，玩起了抢救的游戏。这一过程不仅体现了教师的教育智慧，还说明了观察后所实施的指导策略十分有效。

3. 观察是开展游戏评价的重要保证

（1）观察能为评价提供翔实的资料

教师通过各种观察方法，如描述的方法、取样的方法、评定的方法等，能够留存翔实的观察资料，如评价量表、图片、视频等，这些都是对幼儿进行评价的依据。

（2）观察有利于教师及时发现幼儿游戏和成长中的问题

教师在游戏活动中通过参与观察或者非参与观察的方法，从不同侧面对幼儿的一举一动、一言一行进行密切观察，及时发现问题，抓住时机，因势利导地对幼儿进行有针对性的教育与指导。在观察的基础上针对幼儿游戏进行有效评价，能够客观地评定幼儿在不同领域中的实际发展水平，及时针对发现的问题进行处理，促进幼儿的发展和发育。

（3）教师通过观察能够给予幼儿积极有效的反馈

对幼儿游戏进行评价是游戏活动中至关重要的环节。教师反馈给幼儿结果，既帮助幼儿整理经验，又能引导他们分享经验。行为主义代表人物斯金纳、班杜拉等人关于行为的保持提出了“强化”“观察学习”“替代性强化”等观点，幼儿的积极行为可以通过强化、替代性强化得以保持，而强化时机的把握主要在于教师能否及时观察发现幼儿的关键行为。在游戏过程中，教师通过观察能够对幼儿的积极行为给予强化和反馈，这样有利于幼儿良好行为习惯的养成与保持。

案例链接

角色游戏“娃娃家”观察记录

观察内容：

小朋友们都很喜欢“娃娃家”这个游戏，对于游戏里的角色任务也很了解，但了解不等于能做到、做好游戏任务。今天游戏开始了，宇婷扮演娃娃的“妈妈”，只见她跑进娃娃家就把娃娃从床上抱起来，搂在怀里哄着：“宝宝不哭，妈妈在这里。”这时候，娃娃的“爸爸”子煜走过来说：“妈妈，我们今天煮什么吃？”宇婷抬起头说：“今天娃娃身体不舒服，我要哄娃娃，你去做吃的吧！”说完继续哄着手里的娃娃。子煜挠挠头说：“好吧，我去煮汤圆。”说着便去了厨房。没过多久，宇婷就对着手里的娃娃说：“不许再哭了，再哭我就把你扔掉了！”说完就使劲摇晃手里的娃娃，最后直接将娃娃摔到地上，说：“再不听话我就不要你了！”

评价与分析：

在游戏中，宇婷扮演娃娃的“妈妈”，当“宝宝”哭的时候她着急地抱起“宝宝”，说明她明白角色并能做一些简单的游戏任务，但后来她将“宝宝”摔在地上的行为是不正确的。在游戏中出现问题及困难应动脑思考解决的方法，而不是摔东西。之前我也一直强调要爱惜玩具和游戏材料。事情发生后，我并不是马上指责宇婷，而是走过去捡起地上的娃娃，一脸难过地说：“哎呀，‘娃娃’怎么从妈妈的怀里摔下来了，一定很疼吧？衣服都脏了！”宇婷接过娃娃，意识到自己的行为是不对的，她不好意思地对着娃娃说：“宝宝不疼，宝宝不哭，妈妈给你买蛋糕吃。”

案例中教师通过观察及时发现了宇婷摔娃娃的细节，但并未对她进行直接指责，而是参与进去，对娃娃进行安抚，让自己的榜样行为唤起幼儿自身的反思，进而积极引导，最终获得幼儿的有效反馈。游戏评价随时可能发生在游戏过程中，对幼儿关键行为的及时捕捉尤为重要，这就需要教师细心观察。

4. 观察是预设下次游戏计划的重要依据

案例链接

某幼儿园 20×× 年 ×× 月 ×× 日下午区角活动

观察内容：

区角活动之前，我拿出两筐操作材料对幼儿说："今天老师给手工操作区准备了许多操作材料，有橡皮泥、吸管、糖纸、模具刀、皱纹纸、小盘子、小树枝等，看看小朋友用这些材料能做成什么，待会把你们做的东西给大家介绍一下。"活动开始了，只见一名幼儿最先拿到模具刀，接着另一名幼儿拿到糖纸。准备的材料非常充足，每个幼儿都拿到了自己喜欢的，最后筐里还剩下不少。但是在操作过程中我发现，有一名幼儿一会儿拿刀无目的地切来切去，一会儿又拿小盘子摆弄来摆弄去，还有两名幼儿将糖纸覆盖在眼睛上，对着教室看了又看，显然他发现了糖纸的另一个秘密，大部分幼儿都停留在摆弄教师提供的游戏材料上，只有极个别幼儿在专心地进行操作。直到游戏结束，大多数幼儿没能用这些材料做出好看、好玩的作品。

评价与分析：

手工操作区是幼儿常去的地方，每次活动都有许多幼儿进入操作区玩他们喜欢的材料。可是过段时间后幼儿的兴趣就逐渐下降了。新材料的出现使得操作区又恢复了生机，由此可以看出幼儿对新材料的渴求与企盼。新材料的投入不但满足了幼儿对新鲜事物的好奇心，激发了幼儿探索的欲望，而且新材料是游戏情节发展的物质基础，是诱发幼儿产生新游戏行为的动因。但是我对新材料的投放数量没有进行过多考虑，材料提供得过多，反而分散了幼儿的注意力，最终没有达到预期的活动目标。

改进措施：

1. 改变材料的投放方式，逐步增添游戏材料。活动区的材料要不断变化，要在幼儿游戏发展的过程中不断给幼儿提供新的游戏材料，保持幼儿对游戏的兴趣。材料的投放要分阶段、分层次进行，不能一下子提供过多的游戏材料。在投放新材料的同时，要把旧材料拿走一些，这样更能引发幼儿的认知兴趣和操作动机。

2. 材料投放的数量要适中。投放的材料既不能过多，也不能过少。材料过多容易转移幼儿注意力，使幼儿只满足于摆弄操作材料，不利于幼儿之间的交往和创造性的发挥。而材料过少则容易造成幼儿争抢，引发矛盾冲突。因此在下次活动中需要摸索到底提供多少材料才是最科学、最合理的。

3. 在游戏评价中让幼儿讨论这些材料能做什么，应该怎样充分利用这些材料。

案例中，教师细致地观察了某次结构游戏的关键环节，并针对前几次游戏的转折点分析出下次游戏活动设计应改进的地方，如改变材料投放的方式、材料投放的数量等，这样不仅有利于调整游戏策略，更有利于下次结构游戏的顺利进行。

二、幼儿游戏活动的观察要点

在幼儿游戏的过程中，教师要对幼儿的言语发展水平、身体发育水平、认知特点、个性特征、社会性特征等方面进行观察与分析。《纲要》《指南》两个文件具体说明了幼儿发展发育各阶段的特点，并提出了五大领域的发展目标、内容要求及指导要点。针对幼儿游戏活动中的观察要点，《上海市学前教育课程指南（试行）》也提供了较全面、详细的指导要点及发展提示，具体见表 7–1。

表 7–1　幼儿游戏活动中的观察要点及发展提示

	观察要点	发展提示
表征行为	能否清楚地分辨自我和角色、真和假的区别	自我意识
	出现哪些主题和情节	社会经验范围
	动机出自物的诱惑、模仿、意愿	行为的主动性
	行为仅仅指向物还是指向其他角色	社会交往、语言表达
	行为指向哪些相对应的角色	社会关系认知
	行为与角色原型的行为、职责的一致性程度	社会角色认知

续表

	观察要点	发展提示
表征行为	同一主题情节的复杂性和持久性	行为的目的性
	行为是以物品为主还是以角色关系为主	认知风格
	是否使用替代物进行表征	表征思维的出现
	同一情节中是否使用多物替代	想象力
	替代物与原型之间的相似程度	思维的抽象性
	用同一物品进行多种替代	思维的变通和灵活
	用不同物品进行同一替代	思维的变通和灵活
	对物品进行简单改变后再用以替代	创造性想象
构造行为	对结构材料拼搭接插的准确性和牢固性	精细动作、眼手协调
	对造型是先做后想，还是边做边想，或先想好了再做	行为的有意性
	构造哪些作品	生活经验
	是否按一定规则对材料的形状、颜色有选择地进行构造	逻辑经验
	注重构造过程还是不同程度地追求构造结果	行为的目的性
	是否会用多种不同材料搭配构造	创造性想象
	构造作品外形的相似性	表现力
	构造作品的复杂性	想象的丰富性
	是否能探索和发现材料特性并解决构造中的难题	新经验与思维变通
合作行为	独自游戏、平行游戏、合作游戏	群体意识
	更多主动与人沟通还是被动沟通	交往的主动性
	更多指使别人还是跟从别人	独立性
	是否会采用协商的办法处理玩伴关系	交往机智
	是否会同情、关心别人和取得别人的同情和关心	情感能力
	交往合作中的沟通语言	语言与情感的表达与理解
	是否善于调整自己的行为以适应他人	自我意识
规则行为	是否能爱惜物品、坚持整理玩具、物归原处等	行为习惯
	是否使用一定规则解决玩伴纠纷	公正意识
	是否喜欢规则游戏	竞赛意识
	是否自觉遵守游戏规则	规则意识
	是否创造游戏规则	自律和责任
	游戏规则的复杂性	逻辑思维

除了表 7–1 中归纳的幼儿游戏活动中的观察要点及发展提示，幼儿教师还应注意以下几个方面：

1. 幼儿的兴趣点

兴趣是最好的老师。在游戏过程中，幼儿教师要注意观察幼儿喜欢的游戏主题、内容、玩具材料等。教师要善于发现幼儿的兴趣点，针对幼儿的兴趣满足他们的需求，及时调整游戏主题、及时补充游戏材料等。

2. 幼儿的行为类型

教师在幼儿游戏中或者游戏后，可运用描述的方法、取样的方法或评定的方法对幼儿在游戏中所说、所做进行记录和评定，记录内容包括具体的游戏细节，如遇到了什么困难、是否解决、如何解决等，依据观察记录判断幼儿的行为类型，有针对性地进行教育及个案研究。

3. 幼儿与环境、同伴的互动情况

幼儿的社会性发展是幼儿教师日常观察的重点内容之一。教师需要关注的内容有：幼儿通常和谁一起玩，幼儿的认知经验和社会性水平哪些方面有了进步，幼儿还存在哪些问题等。

4. 幼儿的情绪体验

教师要在游戏的过程中随时注意幼儿的情绪变化，培养幼儿的积极情绪情感，力争让幼儿处于愉快的情绪之中。游戏的目的本就在于让幼儿通过活动直接获得快乐，因此教师要保证幼儿处在积极向上的情绪状态中，及时处理幼儿在游戏过程中出现的负性情绪，如焦虑、烦躁、不安等。在游戏进行中以及结束后，教师还可以抓准契机引导幼儿学会认识自己和他人的情绪。

5. 幼儿的游戏环境

户外游戏场地和室内游戏环境的观察要点是不一样的。户外游戏场地又分为传统游戏场地、创造性游戏场地和冒险性游戏场地。教师要注意观察游戏场地的安全性，一些大型设施要有专业人士进行指导。室内的游戏环境多为各种区角，如积木区、美术区、科学区、图书区等，这时教师应着重观察给幼儿提供的游戏时空是否合适，投放的材料是否充足、种类是否丰富，投放方式是否合适等。

6. 幼儿的规则意识

在游戏活动中教师要注意培养幼儿的规则意识，规则意识是幼儿去自我中心化、社

会化的重点培养内容。从认知发展的角度来看，随着幼儿年龄增长和逐渐成熟，幼儿的游戏会经历感觉运动游戏、象征性游戏、结构性游戏和规则性游戏四个阶段。幼儿从关注自己到关注他人，逐渐树立规则意识，根据规则能够控制自己的行为、活动和反应。关注幼儿的规则意识，有助于帮助幼儿有效地参加集体活动、适应集体生活。

第二节　幼儿创造性游戏活动观察与指导

幼儿创造性游戏是指幼儿以想象为中心，主动地、创造性地反映现实生活的游戏，是学前期幼儿典型的、特有的游戏。创造性游戏包括角色游戏、结构游戏和表演游戏。

一、幼儿角色游戏的观察与指导

角色游戏又称为想象性游戏、模仿性游戏、假扮游戏，是幼儿按自己的意愿，通过扮演角色，运用想象与模仿，创造性地反映个体生活经验的一种游戏。4 至 5 岁是幼儿进行角色游戏的高峰期，是幼儿心理发展的关键阶段。角色游戏能够反映幼儿的社会经验，发挥幼儿想象力，培养幼儿语言能力。心理学家们常借助角色游戏所呈现的自然情境观察幼儿的行为。

1. 角色游戏的观察要点

幼儿角色游戏的主题、角色、情节、材料的使用和规则均与幼儿的直接社会经验有关。在角色游戏过程中，教师的观察要点主要有以下几个方面。

（1）角色分配与游戏主题

角色是角色游戏的核心，幼儿扮演的角色通常是自己认为重要的角色。例如，幼儿害怕医院里的医生，游戏中就倾向于扮演医生，从而满足自己的心理需要，缓解自己面对医生的焦虑。小、中、大班不同年龄阶段幼儿的认知水平、想象力、创造力等方面存在差异，在角色游戏中的观察要点也有所不同。小班角色游戏需要注意观察幼儿是否有角色意识，对社会角色的认知是否明确，是否有尝试其他角色的兴趣和欲望，角色行为是否稳定等。中班角色游戏需要注意观察幼儿角色游戏的情节是否丰富，有哪些主题，角色意识如何，行为仅仅指向物还是其他角色，幼儿在角色扮演中的积极性如何，行为是以物品为主还是以角色关系为主，沟通协作能力如何等。大班角色游戏应注意观察角色扮演是否逼真，游戏主题是否广泛丰富，游戏主题立意如何，游戏规则的创造如何，角色之间的配合与沟通如何等。

（2）游戏材料的使用

场地、设备和游戏材料是角色游戏开展必备的物质条件。丰富的游戏材料有助于幼儿角色游戏的顺利开展，而幼儿对游戏材料的使用情况、爱护情况等又能反映幼儿的个性特点、想象力等，幼儿的创造性也体现在“以物代物”的表征能力上。在角色游戏中，教师要着重观察幼儿是否爱惜玩具、游戏结束能否整理玩具并物归原位、能否自制玩具、同一物品能否多种替代或者不同物品能否进行同一替代等。

2. 角色游戏观察与指导案例分析

观察时间

20×× 年 ×× 月 ×× 日 10：05—10：35

观察对象

徐锦瑞、顾浩（大班幼儿）

观察目标

角色游戏的主要作用是帮助幼儿丰富生活经验。现在较常运用的教学方法是让幼儿自主交流分享或者观看一些生活片段的视频，还可结合主题活动或者参观、远足等开展教学，从不同方面设计游戏情节，帮助幼儿丰富生活经验。

观察地点

小小美容院

观察内容

游戏进行了一段时间，我发现美容院的徐锦瑞一直愁眉苦脸，看见我走过去后才露出笑容，说道：“徐老师，你要不要来理发啊？”我欣然答应了。徐锦瑞服务可周到了，请我到水池边坐好，帮我裹好毛巾，还将毛巾仔细塞进衣服领子里，打开水龙头又问我温度如何。“正好。”我接着说，“老板，看你愁眉苦脸，是不是没生意啊？”“是啊，老是没人来。”徐锦瑞有些垂头丧气。“会不会是因为你这儿价格太高所以才没顾客？”我问。徐锦瑞赶紧摇摇头说：“不高，我已经打折优惠了。”“那有没有人知道你在搞优惠活动呢？”徐锦瑞摇摇头。“那想想有什么宣传的办法可以让大家知道。”我提示着。“发传单！”徐锦瑞话毕一溜烟儿地走了，到“百宝箱”找了一些彩色的手工纸和一支记号笔，像模像样地设计起来。不一会儿她兴奋地跑到我面前，挥了挥几张她设计好的传单。我接过来一看，传单上面画了一个漂亮的女宝宝的头，头发上带了不少美丽的发夹，旁边还写着数字“7”，估计是打七折的意思。

我摸摸她的头，微笑着说：“不错，快去试试，发的时候别忘记告诉大家七折优惠。”徐锦瑞很快在娃娃家门前、超市前和点心店附近都发了一两张传单，过会儿还真有不少顾客去美容院凑热闹，她的生意一下就火爆起来了。娃娃家的爸爸顾浩理好发后，徐锦瑞还亲切地问：“对我的服务还满意吗？”“满意。”顾浩又问：“你们这儿很便宜，我想办张卡，不知道有吗？”“没有，哦，不，有的，你等等。”徐锦瑞转身又去“百宝箱”中找了一张废旧的手机充值卡递给顾浩，说：“你下次来我更便宜。”

评价与分析

这次游戏结束后，在讨论时我表扬了徐锦瑞关于会员卡的做法，并鼓励其他幼儿再帮助她收集一些家里不用的卡。通过讨论，幼儿之间还达成一条新的共识，就是在美容院消费满十元就可以获得一张会员卡，有卡的可以免费理两次发。

改进措施

游戏材料的投放要考虑到幼儿的年龄特点。大班幼儿的游戏经验相当丰富，并且在游戏中能主动反映多样的生活经验。在这次游戏中，无论是宣传单还是会员卡都是幼儿根据自己的生活经验即时生成的游戏情节。对于大班幼儿来说，他们的思维正在进一步向抽象化发展，因此在游戏中会表现出更多的高级的替代行为。例如，美容院的会员卡就是用“百宝箱”中找出的废旧充值卡直接替代的，宣传单则是在手工纸的基础上进行加工而成的，比会员卡的直接替代更进了一步。宣传单和会员卡都是幼儿在游戏中以物代物创造性地解决游戏中发生的问题的手段。因此，在为大班幼儿投放游戏材料时，可以更多地投放一些低结构或非结构化的材料，如给幼儿提供一个“百宝箱”，里面可以放各种废旧材料、纸、笔等。

幼儿园	×× 市 ×× 镇幼教中心幼儿园	班级	大一班	观察日期	20×× 年 ×× 月 ×× 日
观察地点	人民医院区	观察对象	辰辰等	记录者	徐 ×
观察目标	了解幼儿是否愿意兼顾其他角色的工作				
观察内容	辰辰挂着院长的牌子，走过来问我："院长办公室在哪里？"我说："没有。"他说："那就在医生办公室旁边。"于是，他坐在护士室和医生办公室中间的位置。我说："挂号处没有人怎么办？你愿意过来帮忙吗？"他说："不是有小轩吗？"小轩马上说："我是药房的医生。"我说："如果有病人看病，谁负责挂号？"辰辰继续说："让小轩挂号。"我说："你呢？"辰辰说："我是院长，我要检查工作的。"我说："现在医生不忙，你可以挂号呀？"他说："不行的，我不想挂号。"				
评价与分析	辰辰没有接受我的建议，还是坐在那个位置。他看见有病人走过来，就主动问病人的情况，然后告诉他到哪位医生那里看病。当医生要打针的时候，他又充当护士的助手，帮忙扶住病人的身体。他像一个自由人，在医生和护士中间穿梭，就是不去挂号处帮忙。因为他是一个爱热闹的小朋友，觉得挂号是比较单一枯燥的工作，所以他不乐意去做				
改进措施	1. 教师角色分工的支持：辰辰提出了院长室，说明他对于院长的角色很重视，也知道院长与其他医生职位的不同。因此，我在医院的一角开设了院长室 2. 教师角色替代的支持：辰辰喜欢热闹，爱和别人说话，我告诉他："在医院缺少人手的情况下，院长要顾全大局，哪里需要到哪里，这样你的医院才会满足病人的需要。院长最重要的职责就是保障医院正常工作。"				

二、幼儿结构游戏的观察与指导

结构游戏又称为建筑游戏、建构游戏，是幼儿利用各种不同类型的结构玩具或材料，通过与结构活动有关的各种动作技能构造物体形象、反映现实生活的一种游戏类型。根据使用材料和结构形式的不同，结构游戏可以分为积木游戏、积竹游戏、积塑游戏、金属构造游戏、拼棒游戏、拼图游戏、玩沙游戏、玩水游戏、玩雪游戏等。结构游戏有助于促进幼儿手眼协调能力、认知能力、想象力、创造力的发展，并有助于磨炼幼儿性格，还能够培养幼儿的性情及审美能力。

1. 结构游戏的观察要点

（1）结构游戏中情感的观察

结构游戏中，教师首先要观察幼儿的兴趣如何、参与度如何、耐性如何，在游戏过程中能否与其他幼儿分享游戏材料，能否通过彼此配合完成搭建，是否爱护和欣赏自己及他人搭建的作品，是否有成就感，遇到困难能否努力克服等。

（2）结构游戏中能力的观察

结构游戏的首要作用在于发展幼儿的基本动作能力，促进幼儿的手眼协调性。在游戏过程中，教师应注意观察每个幼儿的动手能力，包括动作是否精准、创造水平如何、想象力是否丰富等。

（3）结构游戏中认知的观察

除了情感态度和能力，结构游戏更是幼儿认知水平的反映。因此，教师需要注意观察幼儿对结构材料大小、性质、颜色、重量等方面的认知，了解幼儿是否有初步的空间关系理解能力，如对整体与部分、平衡、对称等的认知。

2. 结构游戏观察与指导案例分析

观察时间

20×× 年 ×× 月 ×× 日

观察地点

操场

观察目标

幼儿的参与性及材料投放。

观察方式

全面观察、定点观察。

观察内容

结构游戏开始了，大班的幼儿实施着美丽家乡的建构计划，他们能按照计划分工合作、有条不紊地进行搭建。陈欣正在用纸牌搭建宝塔。中班的老师带着弟弟妹妹加入他们的游戏，陈欣邀请了中班小妹妹和她一起搭宝塔。陈欣继续搭宝塔，妹妹在旁边看着，两人之间没有交流，几分钟过去了，依旧是一个在搭一个在看。妹妹看了会儿没兴趣了，就转身看旁边幼儿搭高架桥。这时陈欣主动跟妹妹说话，让她一起搭，妹妹就开始和陈欣一起搭。过了会儿，妹妹不小心弄倒了几张纸牌，陈欣告诉她要把纸牌对折一下放上去就不容易倒，妹妹照着做，她们又继续搭。因为有风，纸牌比较轻，一会又有纸牌倒了，她们就开始讨论为什么纸牌会倒，这时妹妹已经完全失去兴趣，专心看旁边的幼儿搭高架桥了。陈欣还在尝试，可是纸牌还是会倒，她又想到如果用新的纸牌会不会牢固一点。她就在纸盒里找新纸牌对折，再垒高，一开始挺成功的，可是一会儿风一吹新纸牌还是倒了。纸牌一次次倒，陈欣渐渐失去了信心，积极性没有一开始高了，开始时不时看看其他幼儿的搭建。时间一点点过去了，纸牌再一次倒了之后，陈欣也不搭了，开始和妹妹一起看旁边幼儿搭高架桥。宝塔搭建最后以失败告终。

评价与分析

在本次游戏中，我们首先需要考虑材料的投放是否适合场地。纸牌比较轻，相对而言比较适合在室内搭建，在户外容易倒，幼儿在搭建过程中就不会有成就感，容易失去搭建的兴趣。其次，在幼儿一次次遇到困难时，教师需及时关注，适时介入，引导幼儿如何改进，提高他们继续游戏的兴趣。

三、幼儿表演游戏的观察与指导

表演游戏是以艺术手段表现文艺作品内容的游戏。幼儿常见的表演游戏有歌舞表演、童话故事表演、桌面表演、影子戏、木偶戏等。表演游戏能够提升幼儿的文学兴趣，培养幼儿的情感，提高幼儿对故事作品的理解力、想象力，陶冶幼儿情操。

1. 表演游戏的观察要点

（1）表演游戏技能的观察

1）歌唱表演技能。观察幼儿能否用自然好听的声音歌唱，有无大喊大叫的情况发生。

2）语言表达技能。观察幼儿在表演过程中能否对不同情境运用不同的语调，语调是否有轻重、快慢、高低等变化，吐字是否清晰、连贯。

3）形体表演技能。观察幼儿面部表情是否丰富，能否模仿各种人物、小动物的肢体动作。

（2）创造力、想象力的观察

除了观察幼儿能否依据剧本、故事情节进行表演，还要观察表演过程中幼儿是否加入自主创造的情节。有时候幼儿会根据自己的生活体验对故事进行再创造，这是幼儿创造力和想象力的体现。

（3）角色分配与合作能力的观察

小班、中班幼儿一般由教师分配角色，大班幼儿具有自主分配角色的能力。教师要注意观察幼儿是否喜欢角色，是否有不满情绪，在表演过程中各个角色彼此之间的配合如何等。

2. 表演游戏观察与指导案例分析

观察时间

20×× 年 ×× 月 ×× 日

观察对象

中班幼儿

观察目标

1. 小舞台中游戏材料投放与幼儿游戏需求的关系。

2. 观众对演员表演感兴趣的程度。

观察内容

镜头一：教师在“星星秀”的大门入口处设置了两个小纸盒，纸盒上分别标示着“投币一元”和“请自动取票”。盒子里分别是前来观看节目的幼儿投入的“一元钱”（雪花片）和教师自制的门票，上面写着“第一排第三座”等。一个小女孩来到大门入口处，从包里拿出“一元钱”投入了盒子，并取了一张“第一排第四座”的门票。她根据教师在地面上贴好的数字找到了第一排第四座。恰巧，座位上有一个小男孩表演完节目正在休息，看见有观众来了就十分自觉地让出了座位。

镜头二：小演员们投入地跳着舞蹈，观众越来越多。看着看着，观众开始议论起来，“我喜欢看小朋友的节目”“我喜欢看奥特曼的节目”，许多幼儿都争着发表自己的意见，声音越来越大，小演员们不得不停了下来，向观众解释道：“我们这里没有这些节目，只有舞蹈！”教师也介入到游戏当中：“怎么这么吵？演员演好了观众应该拍手呀！小演员们要演得好一点哦！”观众停止了议论，有的离开了小剧场。小演员们继续随着音乐跳舞。

评价与分析

1. 班级幼儿已经会自主地进行买票，并且能根据票上的号码找到相对应的座位。在游戏环境创设的过程中，教师能通过地面的标记让环境起到游戏规则的暗示作用，并且座位号的设置也符合中班幼儿的认知水平，整合了数序的概念。

2. 在观众与演员之间存在着一个矛盾：演员不能表演观众喜欢的节目。这是由以下几个原因造成的：音乐的局限、道具的局限、幼儿表演经验的局限。教师的介入并没有从真正意义上解决这一矛盾，而观众的需求是自主的，也是合理的。

改进措施

建议教师能够提供多种音乐让幼儿进行表演，也可以表演学过的故事。在节目的安排上，也可以让幼儿更自主。例如，先由小演员们选择十个表演的内容，制作成节目单让观众从中选择。这样既满足了小演员们的自主性，又满足了观众的需求。

第三节　幼儿规则性游戏活动观察与指导

幼儿规则性游戏是由成人选编的以规则为中心的游戏，包括智力游戏和体育游戏。

一、幼儿智力游戏的观察与指导

智力游戏是指以按规则组成的智力活动为活动方式的游戏。其内容十分广泛，数学、科学实验、自然常识、语言、文学、社会常识等方面都有所涉及。智力游戏能够培养和发展幼儿的语言表达能力，促进幼儿形成时空概念和基本的数形概念，帮助幼儿获得基本的生活、自然、社会常识，同时有利于幼儿养成良好的学习习惯。

1. 智力游戏的观察要点

（1）规则意识

智力游戏是一种规则游戏，包含游戏的玩法与规则。教师要关注幼儿在游戏中是否遵循规则，是否能够坚守规则，是否有恰当的输赢意识。

（2）认知水平

幼儿认知的发展是幼儿发展的中心任务。幼儿的认知特点是具象性、不随意性占主导地位。对幼儿认知水平的观察主要包含以下几个方面：

1）记忆能力。教师通过智力游戏能够观察幼儿的记忆力水平、记忆方式与策略等。

2）思维能力。具象性是幼儿思维的主要特点，学前期幼儿思维的抽象逻辑性开始萌芽。在整个学前期，幼儿的思维水平在不断提高。教师对幼儿思维能力的密切观察有助于教师正确评估幼儿的思维水平，及时采取相应教学指导策略帮助幼儿在思维发展的关键期提升其思维能力。教师在智力游戏中应注意观察幼儿对概念的掌握、对数的理解、归类能力、推理能力等。

（3）情感态度

智力游戏过程中，教师应注意对幼儿情绪的安抚，注意幼儿情绪的变化，关注幼儿是否有克服困难的意志力、是否有自我成就的追求。教师还应注意引导幼儿正确看待游戏结果，不过分看重成败。同时，教师在幼儿游戏过程中应注意观察不同幼儿表现出的个性特征。

2. 智力游戏观察与指导案例分析

观察内容

今天区角活动时间马昱鑫选择了益智区，可过了一会儿我看到他低着头坐在旁边的椅子上，一副无精打采的样子。我走过去问他："你怎么不下棋了？""小朋友都不跟我下棋。""小朋友为什么不愿意和你下棋呢？""他们说我不遵守游戏规则。""噢，原来下棋要学会遵守游戏规则，不然别人就不愿意和你玩了，对吗？""嗯。""马昱鑫，老师也想玩飞行棋，我们再去找两个小朋友一起玩飞行棋，好吗？"他使劲地点点头。我们邀请了陈逸轩和侯浩辰一起玩飞行棋。"老师也没玩过飞行棋，怎么玩呢？我们一起看看棋谱上的游戏玩法和规则。"马昱鑫已经认识了很多字，我们一起小声地读了一遍游戏玩法，还讨论了相关的规则。我问道："马昱鑫你知道怎么玩了吗？"他说："我知道了。"于是我们开始下棋。在下棋的过程中，我故意违反游戏规则，马昱鑫立刻就指出来："老师，你违反游戏规则了。"

评价与分析

马昱鑫，男孩，性格活泼开朗，很聪明，善于动脑，但是他做事情缺乏耐心，稍有浮躁，遇到困难不冷静，也不会主动寻找同伴共同解决问题，合作意识不强。在下棋时马昱鑫不遵守游戏规则，没有人愿意和他下棋。当看到他无精打采的样子，我和他展开了一次谈话，从谈话中能够看出马昱鑫已经意识到下棋一定要遵守游戏规则的重要性。当我提出想和马昱鑫一起玩飞行棋时，马昱鑫使劲地点了点头，说明马昱鑫还是很想下棋的。在我的引导下，马昱鑫理解了飞行棋的游戏规则，当我故意违反游戏规则时马昱鑫能立刻指出。

改进措施

1. 在益智区画上简单易懂的游戏规则，便于幼儿自己根据图画理解规则。

2. 根据幼儿个体差异，为幼儿准备不同类型的棋类游戏。

3. 经常组织幼儿进行需要一起合作、共同完成的游戏，增强他们的合作意识。

4. 将幼儿每次完成游戏或向别人讲解规则的照片打印出来，挂在区角展示区，增强他们的自豪感和自信心，并让他们能够时刻提醒自己要遵守规则。

取得效果

今天我以玩伴的身份和马昱鑫共同游戏，在游戏中通过讨论、交流让马昱鑫理解了游戏规则。另外，我告诉他“不管干什么事情、玩什么游戏，一定要遵守规则，这样大家都会喜欢和你玩，并且要学会和别人相处、共同合作、共同完成。”在接下来的几次区角活动中我发现他又去了益智区，有很多幼儿主动找他玩，还有幼儿请教他怎么玩，他很开心地给他们讲解游戏规则。

二、幼儿体育游戏的观察与指导

体育游戏又称为活动性游戏或运动型游戏，是根据一定的体育任务设计的身体基本动作、情节、角色和规则的一种活动性游戏，是幼儿体育活动的主要形式。体育游戏按照内容分为走跑游戏、跳跃游戏、投掷游戏、攀爬游戏、平衡游戏等。体育游戏的开展有利于锻炼幼儿身心，促进其智力发展，培养其意志品质。

1. 体育游戏的观察要点

（1）规则意识

规则是体育游戏的重要组成部分，也是游戏进行的必要保证，更是评价游戏胜负的依据。因此，教师在体育游戏进行过程中要注意观察幼儿的规则意识，讲清游戏规则，并引导幼儿遵守规则。

（2）身心状态

不同年龄段的幼儿身体负荷能力不同，教师要在体育游戏过程中随时密切关注幼儿的身心状态，随时调整运动量，并且要注意幼儿姿势是否正确，如果不正确则要及时给予纠正。教师要注意观察幼儿在不同体育游戏中的投入程度，是否积极参与、是否兴趣浓厚。教师还应注意幼儿对器械的使用，避免发生危险。

（3）情感意志

在合作类体育游戏中，教师应注意观察幼儿是否有合作行为、是否有坚强的意志力来完成规定动作，还应观察幼儿能否对同伴产生关怀举动、是否有助人行为等。

2. 体育游戏观察与指导案例分析

案例 1

观察时间

20×× 年 ×× 月 ×× 日上午

观察对象

欣欣，6 岁，中班。

观察目标

让幼儿快乐地参加体育活动，并获得自信。

观察内容

户外活动时间到了，幼儿都积极参加游戏，这次游戏的主要目的是锻炼幼儿双脚单脚交替连续跳跃的本领。我发现每次快轮到欣欣练习跳跃的时候，他就会悄悄地跑到队尾躲起来。“欣欣过来，你试一试吧。”我拉着他来到了队伍前面，在这时有的幼儿说：“老师，他不会跳，他害怕。”欣欣听了这话后用力挣脱我的手又跑到了队尾。我再叫他时他就有意地躲开我或装作没有听见。游戏结束后，我来到欣欣面前，对他说：“欣欣咱们俩一起跳好吗？”欣欣听了我的话，没有做出反应。于是我主动地拉着欣欣的手跳了起来。虽然欣欣跳的动作不灵活，但在我的帮助下他努力地练习跳，我就大声地鼓励他说：“欣欣你很棒，你跳得很好，加油！”欣欣听到我的表扬便更卖力地跳起来。

评价与分析

欣欣属于胆小、不太合群的幼儿。他虽然胆子小，但自尊心特别强，当听到别人否定他说他不会的时候，他就会回避问题甚至出现抵触情绪。

改进措施

1. 教师要用幼儿的视角想问题、看问题，了解幼儿的内心感受，清楚幼儿在想什么的同时与幼儿共同承担不愉快的事情，让幼儿快乐地参加活动，并获得自信。

2. 教师应多给胆小幼儿表现锻炼的机会，增强他们的自信心。

户外体育游戏中小班幼儿社会交往行为观察记录

观察内容

姓名	合作			冲突			情绪			分享交流		
	独自游戏	主动参与	被动参与	无	偶尔	经常	愉快	平静	急躁	主动	愿意	不愿意
黄珺泽		√		√			√			√		
邱傅晟		√			√		√			√		
李昱州		√			√		√			√		
朱庄钰		√			√		√			√		
陈潇寒		√			√		√				√	
周姜楠		√		√				√			√	
姜昊辰		√			√		√			√		
刘文钰		√			√		√			√		
葛薛文		√			√		√			√		
黄文瑄	√				√				√			√
王维			√	√					√		√	
……												

结论

在游戏活动中，有三名幼儿是独自游戏或者被动游戏，其余幼儿都可以主动游戏；有三名幼儿在游戏中经常发生冲突，其余幼儿无冲突或偶尔有冲突。在游戏情绪中，有四名幼儿情绪较为急躁，发生冲突时情绪不容易控制、十分激动，不发生冲突时情绪还较稳定；只有两名幼儿不愿意交流，其余幼儿都很愿意与他人交流分享自己的快乐。总体情况较为良好。

评价与分析

1. 大部分幼儿愿意与他人交往、共同合作，但是有个别幼儿大部分时间喜欢单独游戏，不愿意其他人打扰他。

2. 因为小班幼儿的年龄特点，所以他们容易发生冲突，冲突的原因其实也很简单。但是大部分幼儿能听从成人的劝解。

3. 全班幼儿都能根据自己的兴趣选择游戏。

改进措施

1. 教师主动亲近和关心幼儿，经常和他们一起做游戏或活动，让幼儿感受到与同伴和成人交往的快乐，帮助他们建立亲密的同伴关系和师幼关系。

2. 当幼儿与同伴发生矛盾或冲突的时候，指导他尝试用协调、交换、轮流玩、合作等方式解决冲突。

3. 幼儿自己的事情尽量放手让他自己做，即使做得不够好，也应给予鼓励。给幼儿分配的任务要有一定的难度，并注意调整难度，让他能感受到经过努力获得的成就感。

思考·练习

1. 总结不同类型游戏的观察要点。

2. 针对本章介绍的每种类型的游戏活动，自制观察记录表格，要求方法丰富，能够运用描述的方法、取样的方法、评定的方法等观察方法。

第八章
幼儿教学活动观察与指导

学习目标

1. 了解幼儿教学活动中行为观察的意义。
2. 掌握幼儿教学活动中行为观察的要点。
3. 能够在不同教学领域中运用适当的方法观察和分析幼儿的行为表现。

幼儿教学活动是教师从幼儿的兴趣和实际发展水平出发，根据幼儿教育目标，有目的、有计划、有组织地指导幼儿主动学习，增进幼儿对周围环境的认识，培养幼儿学习兴趣，帮助幼儿获得有利于其身心发展的经验的活动。幼儿教学活动是由教师的“教”和幼儿的“学”组成的双边活动，教师的“教”为幼儿的“学”服务。本章主要探讨五大教学领域中教师的“教”应该注意的观察要点，结合案例分析如何利用这些要点促进幼儿的“学”。

第一节　幼儿教学活动观察与指导概述

一、幼儿教学活动的特征

想要更好地实施观察，首先需要了解教学活动的特性。幼儿教学活动不同于中小学教学活动，幼儿没有学习系统学科知识的任务，学习内容没有强制性。幼儿教学活动是幼儿通过在具体活动中参与、感知和体验进行学习的过程，而不是坐着听和看的过程。幼儿以学习直接的知识和经验为主，幼儿教学活动的主要任务是帮助幼儿获取大量的感性经验。在教学活动过程中，教师并非照本宣科，而是需要根据幼儿的需要和反应随时调整授课策略。幼儿教学活动不仅关注教师应该教什么，更关注幼儿是怎样学习的，以及幼儿获取知识的过程和方法。

幼儿教学活动具有以下特征：

1. 生活性与启蒙性

生活性是指幼儿教学活动与幼儿的生活紧密相连，紧扣幼儿的直接经验。幼儿教学活动内容首先应源于幼儿的生活，其次幼儿园环境的创设应该生活化。启蒙性是指幼儿教学活动是幼儿身心发展的奠基阶段，是基础教育的基础。由于学前教育具有基础性和启蒙性，因此幼儿教学活动的内容选择及教学形式必须有利于幼儿接受且具有启蒙性。

2. 活动性与趣味性

幼儿的发展是通过不断获得各种直接经验实现的，这些经验不是教师通过说教强加给幼儿的，而是要以活动的形式呈现，让幼儿参与其中，获得感性认识。感性认识是理性认识的前提和基础。幼儿教学还应具有趣味性，兴趣是最好的老师。婴幼儿以无意注意为主，幼儿的学习主要靠兴趣支配，因此教学内容必须符合幼儿的兴趣和心理特点。

3. 游戏性与情境性

游戏是幼儿教学使用的主要方法。运用游戏组织教学，能够迎合幼儿的兴趣需要和心理特点。游戏是幼儿的主要活动，将教学融入游戏中能够提升幼儿课堂的参与度，寓教于乐，让幼儿在玩中学。情境性是指教师根据幼儿的心理特点、年龄特征、认知特征等因素，有意识地为幼儿获取知识、发展智力营造最佳的氛围。教师在幼儿教学活动中应多角度、多方位应用教具、教学设施、音乐等积极创设情境。

二、行为观察在幼儿教学活动中的意义

在幼儿教学活动中实施的观察，其主要目的是了解幼儿在心理、情绪情感、认知水平、思维、言语和能力等方面的发展水平。通过观察幼儿在教学活动中的表现，能够掌握幼儿在发展中的需求。根据维果斯基的教育理论，教师应观察幼儿现有的水平，评估幼儿可能达到的发展水平，在幼儿的最近发展区内进行教育教学，帮助幼儿达到可能范

围内最大限度的发展。

教师在幼儿教学活动中随时随地进行观察，所观察到的信息会成为教学效果的有效反馈。幼儿具有个体差异性，为了保证全面发展教育实施的同时又能促进幼儿个性的发展，教师需要通过细致、科学的观察了解每个幼儿的不同情况，尽可能使其得到最好的发展。

1. 观察与分析对了解幼儿身心发展的意义

（1）教学活动中的观察有助于了解幼儿能力的发展

能力是指人们成功地完成某种活动所必须具备的个性心理特征。幼儿教师通过在日常教学活动中对幼儿实施观察，能够发现幼儿不同能力的发展水平。随着年龄增长，同一个幼儿智力各方面的发展水平会出现差异性。由于遗传、环境和教育等因素的影响，每个幼儿的能力类型和能力水平也存在差异性。教师通过观察和评价幼儿的能力发展，能够因材施教并指导幼儿掌握相关技能。

（2）教学活动中的观察有助于了解幼儿的心理需求

幼儿期是人一生中变化最快的时期，幼儿的心理活动随着年龄的增长而逐渐丰富、复杂。幼儿教师在教学活动中实时观察，能够获得幼儿各种各样的信息，及时针对幼儿的行为反应和心理需求给予情感上的支持和行为上的帮助。如果教师不能满足幼儿心理上的需要，对他们的心理需求漠不关心，幼儿会感到不满、苦恼，进而影响幼儿的身心发展。

案例链接

观察内容：

大班音乐欣赏活动中，在20名幼儿的注视下，教师随着音乐慢慢摇晃着一个装满无色纯净水的矿泉水瓶子，瓶子里的纯净水慢慢变红了，最后变成了大红色，幼儿惊叹不已。原来教师在矿泉水的瓶盖上涂了红色颜料，摇晃瓶子后水就会沾到颜料，“奇迹”就发生了。教师对幼儿说：“如果你们也学会了魔术，你们的水也会变色！”幼儿随之雀跃，开始随音乐舞动起来，但是当他们认真地对着自己的那瓶水“施魔法”时，奇迹并没有发生。幼儿逐渐感到失望。教师无视幼儿的情绪变化，继续她的教学，让幼儿欣赏乐曲的图谱，感受音乐。

评价与分析：

在幼儿教学活动中教师应注意关注幼儿的情绪变化。教师的教学设计十分巧妙，在水晃动变色后迎来了幼儿情绪变化的高潮，激发了幼儿的兴趣，然而之后教师忽视了幼儿情绪的处理，不顾幼儿求知的需求继续音乐课的教学，显然这种处理方式是不妥的。

改进措施：

教师激发了幼儿的兴趣后，可以针对幼儿的疑惑穿插科学小知识，揭开谜底，解答幼儿的疑问，让幼儿的情绪从好奇到兴奋再到满足，处理好幼儿的情绪情感，再继续开展音乐教学。

2. 观察与分析对教师的意义

（1）利用观察分析的结果对幼儿和自身教学效果进行科学评价

一方面，结合观察分析结果，教师能够对幼儿的发展水平进行科学合理的判断，根据评价结果调整相应的教学策略。另一方面，结合幼儿的行为和心理表现，教师能够及时评价自己的教学策略是否恰当。

（2）促进教师的专业发展

观察是教师为幼儿提供适宜性教育的前提，也是教师专业发展的重要途径。教师只有在充分观察幼儿，了解幼儿的发展水平、行为特点、兴趣倾向和学习风格的基础上，才能制订出符合幼儿特点的活动方案，并在活动过程中根据幼儿的表现及时做出调整，从而保证活动的适宜性和有效性。观察本身也是教师必备的教学技能之一，提高观察分析能力有助于教师提升自己的教学水平。

三、幼儿教学活动的观察要点

从教学活动整体上来说，教师需要观察的要点有以下几方面。

1. 观察幼儿的学习兴趣和需求

在教学活动中，教师需要注意观察同一幼儿对不同教学内容的感兴趣程度及不同幼儿在相同教学活动中的不同表现，既要保证幼儿的全面发展，又要注重因材施教。教师要根据幼儿的兴趣和需要及时调整教学策略及内容，满足幼儿的需求。如果幼儿教育“一刀切”、枯燥乏味，势必会影响教学效果，甚至会影响幼儿的发展发育。

2. 观察幼儿的言语发展和情绪体验

在教学过程中，教师应注意观察幼儿的言语发展水平，包括表达能力、阅读能力、理解能力等，及时发现幼儿言语发展中遇到的问题，提高幼儿的语言能力。此外，教师还要注意观察幼儿的情绪反应与变化。幼儿教师应该设置合理的教学内容和教学形式让幼儿处在愉快的情绪体验之中，在语言、社会和艺术教学领域可以通过文学艺术作品培养幼儿的高级情感，在健康和科学教学领域可以培养幼儿坚毅、乐群、合作、探索和求知等品质。

3. 观察幼儿的认知特点

3 至 6 岁幼儿的注意特点是无意注意占优势地位，有意注意逐渐发展。教师应根据幼儿的注意特点，合理设置教学时间、教学内容和教学策略。除了注意，幼儿的记忆能力和水平也是教师应观察的要点。3 至 6 岁幼儿的记忆方式中，机械识记用得较多，无意识记占优势，有意识记逐渐发展。这就需要教师在教学时选择简单易识记的内容，随着幼儿年龄增长，逐渐提升识记难度。幼儿的思维方式以具体形象思维为主，幼儿晚期才萌发逻辑思维。而幼儿的想象力方面无意想象占主要地位，有意想象逐渐发展。教师需要观察幼儿的思维、记忆和想象力水平、认知风格等，找到幼儿认知发展的“最近发展区”，合理设置教学内容。

4. 观察幼儿的社会性发展情况

教学活动中幼儿的社会性主要体现在两个方面：师幼互动和同伴互动。教师观察互动时幼儿的反应、教师对幼儿需求的及时回应和反馈、恰当的教育策略是良好师幼关系的有效保证。在幼儿与同伴互动的过程中，教师也必须时刻观察，适时、恰当地对幼儿进行引导，给幼儿提供支持和树立榜样。

第二节 健康领域教学活动观察与指导

一、健康领域教学活动的观察要点

健康领域的学习与发展是幼儿身心健康发展的需要，也是实现幼儿全面发展的基础。健康领域分为身心状况、动作发展及生活习惯与生活能力三个子领域，《指南》对每一个子领域都给出了详细的学习与发展目标，见表 8-1。幼儿教师在开展健康领域教学活动时，应依据《指南》所指出的各项发展指标对幼儿进行观察。

表 8-1　幼儿健康领域学习与发展目标

领域	子领域	目标
健康	身心状况	1. 具有健康的体态 2. 情绪安定愉快 3. 具有一定的适应能力
	动作发展	1. 具有一定的平衡能力，动作协调、灵敏 2. 具有一定的力量和耐力 3. 手的动作灵活协调
	生活习惯与生活能力	1. 具有良好的生活与卫生习惯 2. 具有基本的生活自理能力 3. 具备基本的安全知识和自我保护能力

二、健康领域教学活动观察与指导案例分析

某幼儿园户外跳绳活动的观察记录

观察对象	25 名幼儿	班级	大一班
观察时间	20×× 年 9 月 17 日至 9 月 21 日	记录者	主班教师
观察地点	户外活动场地		
观察目标	结合大班幼儿上学期学习跳绳的情况，寻找改进措施		
观察内容	上学期刚开始的时候，大一班会跳绳的幼儿只有几个。我将跳绳作为本月的重点练习项目，增加了户外活动练习跳绳的次数和时间，以使他们尽快掌握这项技能。但是一遍遍重复单一的跳绳动作，幼儿坚持不了多久，就会失去兴趣，而去玩其他游戏		

续表

观察内容	今天户外活动依然是练习跳绳。首先，我亲自多次示范并讲解动作要领，接着组织会跳的幼儿进行示范，然后幼儿自己练习。练习过程中，大多数幼儿动作比较笨拙，不连贯，一次只能跳几个。只有 5 个小女孩跳得比较连贯。部分幼儿练习了一会儿还是不得要领，就逐渐失去兴趣，开始追逐打闹起来
评价与分析	跳绳是一项对协调性要求相对较高的运动，需要幼儿做到手、眼、脚配合协调一致，对那些运动少、协调性较差的幼儿来说，跳绳是有一定难度的。但是跳绳的好处有很多：跳绳可以加快胃肠蠕动和血液循环，促进机体的新陈代谢，有利于幼儿健康成长；跳绳能够让幼儿自觉地形成组织纪律性，培养其团结协作精神等 《指南》中关于幼儿动作的协调性和灵活性的发展目标和教育建议包括："5 ~ 6 岁幼儿能连续跳绳"。所以我花费了很多时间、精力教幼儿练习跳绳，力争让每个幼儿都能掌握这项技能
改进措施	教师可以尝试在活动中采取多种方法： 1. "小小老师，我最棒！"。采用师徒结对分组教学的方式，跳得好的幼儿当老师，其他幼儿当学生。将幼儿分成 5 组，每组 1 个老师 4 个学生。分配完毕后，我一边鼓励"小老师们"认真教，"学生们"认真学，一边观察幼儿。幼儿学习的兴趣高了许多，都认真地跳了起来。有些跳得还不连贯的幼儿自告奋勇地要当"老师"的助手，帮着"老师"组织教学 2. "秀秀我的花样跳绳"。我鼓励已经跳得很熟练的几名幼儿跳出新花样，如单脚跳、向后跳、边跑边跳等，一边讲解，一边示范，幼儿的热情很高。跳绳活动结束了，大家依然在互相交流心得，互相传授经验，乐在其中
家园共育	建议家长在日常生活中带着幼儿进行跳绳练习

某幼儿园户外活动观察记录

观察对象	王昊博	性别	男	年龄	6 岁	班级	大一班
观察时间	20×× 年 ×× 月 ×× 日					观察教师	凌 ×
观察内容	在早操活动中，王昊博非常兴奋，做早操的节奏也比往常快很多，东张西望，手中的啦啦球也不时打到前面幼儿的身上，几次提醒未果，我把他的啦啦球没收了，这下他才意识到现在是做操时间，可是没过一会儿他又开始乱跳了						

续表

评价与分析	1. 该幼儿平时就比较好动，这学期又是第一次使用啦啦球做早操，他对啦啦球充满新鲜感，比较兴奋 2. 他的奶奶今天在幼儿园围栏后看他做操，可能被他发现了，所以他显得比较兴奋，很想表现给奶奶看，但是却用错了方法
改进措施	针对这一现象，我与王昊博进行了个别谈话。王昊博是一个特别爱表现的幼儿，于是我与他一起探讨如何把自己最好的一面表现给别人看，给别人留下好的印象，然后请全体幼儿一起欣赏他的早操表演，并告诉他我会把他的表演拍下来交给他的爸爸妈妈欣赏

第三节　语言领域教学活动观察与指导

一、语言领域教学活动的观察要点

语言是交流和思维的工具，幼儿期是语言发展特别是口语发展的重要时期。幼儿的语言发展贯穿于各个领域，也对其他领域的学习与发展有着重要的影响。幼儿教师在语言领域的教学活动中，除需按照《指南》所规定的学习与发展目标（见表 8-2）设置教学内容、调整教学策略，还需依据发展指标观察幼儿的语言发展水平。

表 8-2　幼儿语言领域学习与发展目标

领域	子领域	目标
语言	倾听与表达	1. 认真听并能听懂常用语言 2. 愿意讲话并能清楚地表达 3. 具有文明的语言习惯
	阅读与书写准备	1. 喜欢听故事，看图书 2. 具有初步的阅读理解能力 3. 具有书面表达的愿望和初步技能

二、语言领域教学活动观察与指导案例分析

××幼儿园中六班第十五周幼儿语言领域观察记录

观察时间

20××年12月10日至12月14日

观察对象

中班幼儿31人，4～5岁。

观察目标

观察中班幼儿是否能把听过的故事或看过的图书讲给别人听。

观察地点

活动室（阅读、午睡或日常活动中都可进行）

观察情境建议

小小故事会活动，幼儿可以讲听过的故事或绘本。

观察内容

幼儿姓名	能独立地讲简单的故事内容	能独立地讲故事，但表达不够流畅	在成人的帮助下能简单讲述故事	不愿意讲述（或不能连贯讲述）故事
丁子轩				只讲了3句，没有完整地将故事讲完
曹宇轩		√		
曹俊宇				只说了几个字，并且声音很小
陈管泽				没有开口讲
孙彬				讲了开头，提醒后没能继续讲
张陆尧	√			
石艺帆		√		
石戴远坤		√		

续表

幼儿姓名	能独立地讲简单的故事内容	能独立地讲故事，但表达不够流畅	在成人的帮助下能简单讲述故事	不愿意讲述（或不能连贯讲述）故事
王雨晗				没有开口讲
陆佳琪			√	
陆佳玉				讲了几个字，没能继续讲
季梦婷	√			
戴王萱	√			
刘思琦				没能讲述
靖驷骐				讲了几句，提醒后没能继续
庞佳琦	√			
耿硕				能讲述故事的开头部分，提醒后没有继续讲
……				

说明：1. 教师根据日常活动中幼儿的表现，对幼儿做出真实评价；

2. 特殊情况可用文字说明。

评价与分析

本次阅读领域的观察是在每天餐前阅读的时间进行的，活动前我们引导幼儿提前准备好故事。从本次观察中我们发现：班级 31 位幼儿中能独立地讲简单的故事内容的有 8 位幼儿，能独立讲故事但表达不够流畅的有 5 位幼儿，在成人的帮助下能简单讲述故事的有 9 位幼儿，不愿意讲述（或不能连贯讲述）故事的有 9 位幼儿。本次观察中不愿意讲述故事的幼儿还是比较多的，如陈管泽、王雨晗、陆佳玉等，这跟幼儿的性格和语言发展水平有很大的关系。这几位幼儿在平时生活中就比较内向，与别人的语言交流相对较少，有时我们问他们话他们都是很小声地回答。

《指南》中关于中班幼儿的语言领域学习与发展目标包括："喜欢把听过的故事或看过的图书讲给别人听"，"能大体讲出所听故事的主要内容"。观察中发现班级大部分幼儿能达到以上目标。在本次"小小故事会"活动中，大部分幼儿能提前准备，能将故事的大概内容讲清楚，其中张陆尧、庞佳琪、沈心悦在讲故事时还能根据情节加入简单的动作，有时还能根据故事中的人物特点变换语气，很棒。还有部分幼儿表现能力相对弱一点，但经过教师的鼓励、提醒也能将故事讲述完整，只是语言组织、动作、表情等方面还有待加强。观察中还发现，有部分幼儿能独立、完整地讲述故事，但声音很小，影响了讲述的效果，如张梓函、李妍洋、戴王萱。

改进措施

1. 在餐前阅读环节继续开展“小小故事会”活动，每天对幼儿讲述故事的情况进行点评，除了教师点评，还可以让幼儿参与点评，对讲得好的幼儿或者进步很大的幼儿可以给予奖励，激发他们的兴趣。

2. 活动可采用多种形式，如好友合作讲述、故事表演等。故事的来源不限。

家园共育

1. 与家长及时沟通交流，让家长每天给幼儿讲述睡前故事，经常抽时间与幼儿一起看图书、讲故事，同时为幼儿提供多种类型的图书，让幼儿自主选择和阅读，激发幼儿阅读兴趣，培养幼儿阅读习惯。

2. 对于少数胆小、内向的幼儿，教师要多为他们提供表现的机会，多鼓励，幼儿讲得好的时候及时表扬，并让家长鼓励幼儿将其在幼儿园学习的故事在家进行讲述。

××幼儿园中班幼儿阅读图书情况的观察记录

观察内容

水平 姓名	翻书	能按照从前到后的顺序看书，每次只翻一页	使用短语或句子谈论书中的角色和事件	选择或者要一本特别的书	能解释喜欢某本特别的书或者某套系列图书的原因	能按照一定的顺序复述一个故事或说出一本书里的4件事	能根据书中的角色、背景及事件（情节）等要素总结书的内容
曹锦杰						√	
高董奇					√		
郁陆辰					√		
姜韩睿				√			
顾严睿					√		

续表

水平 姓名	翻书	能按照从前到后的顺序看书，每次只翻一页	使用短语或句子谈论书中的角色和事件	选择或者要一本特别的书	能解释喜欢某本特别的书或者某套系列图书的原因	能按照一定的顺序复述一个故事或说出一本书里的4件事	能根据书中的角色、背景及事件（情节）等要素总结书的内容
耿雨兵		√					
刘孙灏	√						
……							

结果统计与分析

水平	翻书	能按照从前到后的顺序看书，每次只翻一页	使用短语或句子谈论书中的角色和事件	选择或者要一本特别的书	能解释喜欢某本特别的书或者某套系列图书的原因	能按照一定的顺序复述一个故事或说出一本书的4件事	能根据书中的角色、背景及事件（情节）等要素总结书的内容
人数统计	1	8	0	9	8	3	2
百分比	3%	26%	0	29%	26%	10%	6%
评价与分析	从记录表中可以看出，能根据书中的角色、背景及事件等要素总结书的内容的幼儿只有2名，占班级人数的6%。这两个幼儿平时讲故事也比较完整、生动。只能达到翻书程度的幼儿只有1名，他是班上的特殊幼儿，小班时根本不会与人交流，虽中班时已基本会交流，但相对于同龄幼儿来说发展还是很慢。能按照从前到后的顺序看书且每次只翻一页的幼儿来幼儿园的次数比较少，其中有2名幼儿小班几乎没有来，所以相对来说发展也较慢						
改进措施	《指南》中对4～5岁幼儿的语言领域学习与发展目标表述包括：“1. 能大体讲出所听故事的主要内容。2. 能根据连续画面提供的信息，大致说出故事的情节。3. 能随着作品的展开产生喜悦、担忧等相应的情绪反应，体会作品所表达的情绪情感。”教师可以和幼儿一起讨论或回忆书中的故事情节，引导幼儿有条理地说出故事的大致内容。教师在给幼儿读书或讲故事时，可以先不说故事的名字，让幼儿听完后自己命名，并说出这样命名的理由。教师还可以鼓励幼儿用表演、绘画等不同的方式表达自己对图书和故事的理解，鼓励和支持幼儿自编故事，并为自编的故事配上图画，制成图画书。教师在给幼儿读书时，要注意通过表情、动作和抑扬顿挫的声音传达书中的情绪情感，让幼儿体会作品的感染力和表现力						

第四节　社会领域教学活动观察与指导

一、社会领域教学活动的观察要点

社会领域的教育是指以发展幼儿的社会性为目标，以增进幼儿的社会认知、激发幼儿的社会情感、引导幼儿的社会行为为主要内容的教育。《指南》中关于幼儿社会领域的学习与发展目标表述见表 8–3，社会领域的教学活动观察要遵循这些要点。

表 8–3　幼儿社会领域学习与发展目标

领域	子领域	目标
社会	人际交往	1. 愿意与人交往 2. 能与同伴友好相处 3. 具有自尊、自信、自主的表现 4. 关心尊重他人
	社会适应	1. 喜欢并适应群体生活 2. 遵守基本的行为规范 3. 具有初步的归属感

社会化是幼儿学习与发展的核心任务之一，习得群体规范、树立集体意识对幼儿来说尤为重要，社会领域的发展目的就是促进幼儿的社会化。幼儿教师在各个领域的教学中都应注意观察幼儿的社会化发展水平，帮助幼儿培养良好的品格和行为习惯。

二、社会领域教学活动观察与指导案例分析

×× 幼儿园社会性发展的观察记录（小三班）

观察时间

20×× 年 4 月 22 日至 4 月 25 日

观察对象

冒秦梓，5 岁。

观察目标

观察并记录一位 5 岁幼儿社会领域的发展水平是否达到“常模”中的“常态”。

观察地点

小三班活动室

观察内容

幼儿发展的“常模”		是	否	评语
愿意与人交往	1. 愿意和小朋友一起游戏	√		
	2. 愿意与熟悉的长辈一起活动	√		
与同伴友好相处	1. 想加入同伴的游戏时，能友好地提出请求		√	冒秦梓最喜欢建构区，每天都是第一个进去。今天他来晚了，淘淘和桐桐已经在搭房子了，冒秦梓走进去抢过他们手里的积木想要搭建自己的房子
	2. 在成人指导下，不争抢、不独霸玩具		√	我看到冒秦梓抢了淘淘和桐桐的积木，让冒秦梓放手，并告诉他想要玩应该先和小朋友商量，他生气地把头撇开了，又穿上鞋子到美工区去玩了
	3. 与同伴发生冲突时，能听从成人的劝解		√	参考事例同上
具有自尊、自信、自主的表现	1. 能根据自己的兴趣选择游戏或其他活动	√		冒秦梓最喜欢建构游戏，建构水平也比较高，每次都能搭建出像模像样的房子造型，并乐于向我介绍自己的作品
	2. 为自己的好行为或活动成果感到高兴	√		每次冒秦梓向我介绍自己搭建的作品时，我都会给他竖一个大拇指，告诉他“你今天的房子和昨天又不一样了，非常酷！”他总是非常开心
	3. 自己能做的事情愿意自己做	√		
	4. 喜欢承担一些小任务	√		每天中午邀请挂毛巾的值日生时，冒秦梓都会非常积极地举手想要完成任务

续表

幼儿发展的“常模”		是	否	评语
关心尊重他人	1. 长辈讲话时能认真听，并能听从长辈的要求	√		
	2. 身边的人生病或不开心时表示同情	√		今天张老师请假没有来，冒秦梓第一个问我：“张老师怎么没有来幼儿园啊？”
	3. 在提醒下能做到不打扰别人		√	每天冒秦梓在的建构区总是班上最“热闹”的地方，我提醒他说话太大声会影响到别的小朋友，但他依旧我行我素
喜欢并适应群体生活	1. 对群体活动有兴趣	√		
	2. 对幼儿园的生活好奇，喜欢上幼儿园	√		集体活动时，冒秦梓总是最投入、最配合教师的孩子，像一个最佳相声小“捧哏”
遵守基本的行为规范	1. 在成人提醒下，能遵守游戏和公共场所的规则	√		
	2. 知道不经允许不能拿别人的东西，借别人的东西要归还	√		
	3. 在成人提醒下，爱护玩具和其他物品	√		
具有初步的归属感	1. 知道和自己一起生活的家庭成员及与自己的关系，体会到自己是家庭的一员	√		今天冒秦梓是爷爷送来幼儿园的，他告诉我：“刘老师，今天爷爷送我来，晚上爷爷还来接我，奶奶去跳舞啦！”
	2. 能感受到家庭生活的温暖，爱父母，亲近与信赖长辈	√		
	3. 能说出自己家所在街道、小区（乡镇、村）的名称		√	
	4. 认识国旗，知道国歌	√		

评价与分析

从观察内容中可以发现，冒秦梓是一个热爱交流、喜欢表达自己想法的幼儿，他经常主动与教师交流，倾诉自己的想法，勇于表达，善于表现。但在和小朋友相处的过程中，他又比较容易与他人产生矛盾，他性格中要强的部分让他在群体生活中不愿意妥协和迁就，相对比较自我。他热爱与我交流他想说的事情，但是每当他做错事情我想要和他沟通时，他就会逃避、闪躲。

改进措施

对于像冒秦梓这种敢于表达但缺乏规则意识的幼儿，教师可以从以下几个方面入手：

1. 在幼儿做得好的时候及时表扬鼓励，让幼儿明白这样的行为很棒，应该坚持。在幼儿和别人争执吵闹时不要纵容，让幼儿知道这样是不对的。

2. 为幼儿树立好的榜样，榜样可以是班上做得好的幼儿，也可以是幼儿喜欢的动画、绘本人物，让幼儿有模仿、跟从的欲望。

3. 可以让此类性格的幼儿承担一定的任务，培养他们的责任感和自豪感，鼓励他们努力去做得更好。

××幼儿园中二班第九周幼儿社会领域观察记录

观察时间

20××年××月××日 8：14—8：40

观察对象

王陈钰等 5 名幼儿，4 岁 1 个月至 5 岁。

观察目标

观察并记录本班幼儿在区角游戏中与同伴交往的情况。

观察地点

室内幼儿自主游戏区角

观察内容

王陈钰 8：14—8：16 在益智区内一个人玩“走迷宫”游戏，8：16 将迷宫送回原处，她开始自己玩“瓶盖乐”游戏，过了一会儿她主动询问吴冯博、王颖是否愿意共同玩“瓶盖乐”游戏，两名幼儿同意后三人共同游戏，8：30 结束。王陈钰又看到很多幼儿在玩“蔬菜接龙谁来剪”的游戏，她问身边的幼儿：“我也想要玩这个蔬菜接龙的游戏。”征得同意后她加入了游戏，在剪的过程中主动与江睿杰交流，并将自己剪好的作品展示给江睿杰和老师看。

评价与分析

《指南》中关于 4 ~ 5 岁幼儿在社会领域的学习与发展目标包括：“喜欢和小朋友一起游戏，有经常一起玩的小伙伴”，“会运用介绍自己、交换玩具等简单技巧加入同伴游戏”，“活动时愿意接受同伴的意见和建议”。在玩“瓶盖乐”游戏时，王陈钰从一开始自顾自地玩到主动和吴冯博、王颖沟通，三人共同游戏，王陈钰用主动提问的方式邀请同伴加入游戏。在“蔬菜接龙谁来剪”的游戏中，她提出请求，尝试加入小伙伴的游戏，在剪的过程中她主动和江睿杰交流，并将自己剪好的作品展示给同伴和教师看。这些都说明王陈钰喜欢和小朋友们一起游戏，有经常一起玩的小伙伴，她是个性格活泼、开朗，愿意主动与人交流的小女孩。

改进措施

1. 对于性格内向的幼儿，教师可以多为其提供自由交往和合作游戏的机会，鼓励他们自主选择、自由结伴开展活动。

2. 教师可以利用晨间谈话的时间和幼儿共同谈谈自己的好朋友，说说喜欢这个好朋友的原因，了解这个好朋友的优点和长处。

家园共育

引导家长利用带幼儿走亲戚、到朋友家做客的机会鼓励幼儿与他人接触和交谈。

第五节　科学领域教学活动观察与指导

一、科学领域教学活动的观察要点

科学领域包含科学探究和数学认知两大部分内容。幼儿对自然界中事物和现象进行探索并形成解释的过程称为科学探究，幼儿基于对自然环境中事物和现象的认识进一步形成的对其逻辑关系的理解可以称为数学认知。科学探究有助于幼儿更好地认识和解释客观世界，数学认知则有助于幼儿发现客观世界的规律性和有序性。《指南》中关于幼儿科学领域的学习与发展目标表述见表 8–4。

表 8–4 幼儿科学领域学习与发展目标

领域	子领域	目标
科学	科学探究	1. 亲近自然，喜欢探究 2. 具有初步的探究能力 3. 在探究中认识周围事物和现象
	数学认知	1. 初步感知生活中数学的有用和有趣 2. 感知和理解数、量及数量关系 3. 感知形状与空间关系

二、科学领域教学活动观察与指导案例分析

×× 幼儿园科学区玩色观察记录

观察内容

区角活动开始了，钱艺豪就很高兴地跑去科学区，看到有很多的颜色，特别开心，他大声地喊："快来看，快来看！这里有好玩的东西。"听到他的叫喊声，徐江涛、徐海军、丁溪都来了。只见钱艺豪自己闷头用画笔取出了黑色，接着在调色盘中不停地调着，丁溪说："这个颜色不漂亮，我的比你的漂亮多了。"徐海军不甘示弱地说："我的最漂亮了。"玩了一会儿，他们就觉得没意思了，东看看西看看打算到别的区角去。"你们这里需要调色员吗？"我问道，徐海军说："不需要，我们要到其他地方去了。""为什么？"我接着又问。"因为我们觉得不好玩。"钱艺豪说道。"可是我是很能干的调色员，我会调制各种各样的颜色，而且我还能调制出这里没有的颜色哦！"我自信地说。"真的吗？"他们不可思议地看着我。我拍拍胸脯大声地说："是的，不信你们可以考考我。"丁溪说："老师我喜欢橙色，你能帮我调出来吗？"于是我用画笔取出了一部分红色，然后又

用画笔取出了一部分黄色，将他们均匀地调和在一起，不一会儿橙色就渐渐出现了。孩子们看到颜色的变化，开心地拍起手来，嘴里还不停地说着“老师你真棒”。“你们想玩吗?”“想!”这时孩子们又回到了自己的位置上，学着我刚刚的样子玩了起来。不一会儿就听到徐江涛说:“我要变和老师不一样的颜色。”只见他挑选了蓝色和红色开始玩了起来……

评价与分析

区角材料投放时，我投放了四种主要的颜料，旨在引导幼儿在调色的过程中发现两种颜色混合后会产生不同的变化。钱艺豪一下子就被区角的颜料吸引住了，并邀请其他幼儿进入区角，说明这种材料投放形式符合幼儿心理特点，能激发幼儿对活动的兴趣。本次活动主要是让幼儿明白两种颜色混在一起可以变成另外一种颜色。幼儿对鲜艳的颜色非常敏感，颜色的变化使幼儿兴奋、好奇，从而产生浓厚的探索欲望。

教师是幼儿的引导者，因此教师要时刻把握教育目标，根据幼儿在活动中的表现适时地给予支持，使幼儿始终沿着目标要求探索体验操作的乐趣。科学活动要给幼儿足够的空间、时间，让幼儿大胆操作各种材料，师幼共同讨论得出结论。

通过本次活动，幼儿认识到颜色之间的关系，初步了解了只要有了三原色就可以调出很多种颜色。活动充分调动了幼儿探索的积极性，他们学会了仔细观察。俗话说“教无定法”，教师要不断提高自己的教育技能，及时改变自己的教育方法，才能做好幼儿的教育者和引导者。

改进措施

1. 在活动中注重师幼互动和幼儿平等参与。教师在培养幼儿交流能力的同时，要调动每一个幼儿的参与意识和学习积极性，通过交流学习让大家共同提高。

2. 当教师看到幼儿参与积极性不高时，可以主动要求加入他们的活动，通过自身的示范引导幼儿参与，激发幼儿对玩色活动的探索欲望，最终达到活动的教学目标。

3. 教师在活动结束时可以进一步巩固幼儿对颜色的认知，让活动在轻松愉快的氛围中结束。

案例 2 数学认知观察记录

×× 幼儿园中一班第十三周观察记录

观察时间

20×× 年 ×× 月 ×× 日

观察对象

中一班幼儿 32 人，5 岁。

观察目标

观察中班幼儿是否能感知物体的粗细、厚薄、轻重等，并能用相应的词语描述。

观察地点

户外或益智区

游戏参考

到户外参观时，量一量、看一看哪棵树粗、哪棵树细，可贴标签标记等；比较书本或盒子等室内现有的物品；体育活动中可组织一次搬运活动，体验轻和重；给 7 以内数字排队并摆放对应图片，若幼儿不能完成则降低难度。

观察内容

幼儿姓名	区分粗细	区分厚薄	区分轻重	7 以内数字排序并摆放对应图片
周玉安	√	√	√	√
蒋张弛	√	√	√	√
丁陈瑞	√	√	√	认识数字但不会排序
钱满满	√	√	√	√
葛子豪	√	√	√	√
王程	√	√	√	认识 1 ~ 4，只能排 1 ~ 4
……				

说明：记录幼儿在数学区的操作情况，能做到的项目打“√”，不能做到的项目可以尝试降低要求再看是否能做到，可用文字说明。

评价与分析

对于粗细、轻重、厚薄，幼儿都能快速区分；在数字排序方面，有 29 个幼儿能对 7 以内的数字排序，有 2 个幼儿能进行 1 ~ 4 的排序，还有 1 个幼儿只认识数字但不会排序。

《指南》中指出 4 ~ 5 岁幼儿科学领域学习与发展目标包括："能感知和区分物体的粗细、厚薄、轻重等量方面的特点，并能用相应的词语进行描述"，"会用数词描述事物的排列顺序和位置"。幼儿在感知和区分事物的粗细、轻重、厚薄方面都做得很好，在数字的认识和排序中，大部分幼儿能认识并快速排序，个别幼儿对数字还没有认全，更无法排序。

改进措施

1. 结合生活需要，和幼儿一起手口一致点数物体，得出物体的个数。例如，吃点心的时候，教师可以鼓励幼儿数一数不同点心的数量。

2. 通过点数的方式，让幼儿体会物体的数量不会因排列形式、空间位置的不同而发生变化。例如，鼓励幼儿将一定数量的小棒以不同的形式进行摆放，体会小棒的数量不会因摆放形式的变化而变化。

3. 鼓励幼儿在区角里多玩一些数物排序的游戏。

家园共育

家长在生活中多提醒幼儿关注一些和数字、数量有关的现象，加深对数字和数量的理解。

第六节　艺术领域教学活动观察与指导

一、艺术领域教学活动的观察要点

艺术活动是幼儿精神活动的表现，是幼儿感性认识和把握世界的一种方式。幼儿除了要学会感受美，还应能创造美。教师在艺术领域教学中应引导幼儿发现和感受艺术之美，针对不同目标培养幼儿进一步创造美的能力。

艺术领域包括音乐和美术两部分内容，子领域又分为感受与欣赏、表现与创造。《指南》中关于幼儿艺术领域学习与发展目标表述见表 8-5。

表 8-5　幼儿艺术领域学习与发展目标

领域	子领域	目标
艺术	感受与欣赏	1. 喜欢自然界与生活中美的事物 2. 喜欢欣赏多种多样的艺术形式和作品
	表现与创造	1. 喜欢进行艺术活动并大胆表现 2. 具有初步的艺术表现与创造能力

二、艺术领域教学活动观察与指导案例分析

案例 1　美术活动观察记录

涂鸦活动观察记录

观察时间

20×× 年 ×× 月 ×× 日 10：00—10：50

观察对象

博博，5 岁 9 个月。

观察环境

大四班的幼儿在室外涂鸦区涂鸦，有的在大水桶涂鸦，有的在墙面上涂鸦，两名教师在旁边看护并与幼儿一起讨论。

观察目标

通过这次的涂鸦活动，观察幼儿博博是否愿意和别人分享、交流自己喜爱的艺术作品和美感体验。

观察内容

时间	客观描述	主观分析
10：14	幼儿调好颜料后开始在大水桶或墙面上作画，叽叽喳喳，大家讨论得很激烈，博博却一个人默默地蹲在墙角，他正在给墙角的一棵小草涂色，旁边的昕昕也凑过来看了看，说：“你别把地上的蚂蚁也给染红了！”	博博比较内向，喜欢自己专注地做一件事情，很少主动与其他幼儿一起合作或交流，但是如果有幼儿主动搭讪，他也很愿意和他们一起玩耍
10：18	博博还是蹲在墙角，把小草的每一片叶子都涂上了均匀的红色	博博做事情很专注，从来不会半途而废，例如涂色画画的时候虽然动作比较慢，但是每次都画得很好，颜色也涂得很均匀
10：23	几分钟过去了，幼儿说说笑笑，在讨论画些什么好，博博又蹲在另一个墙角，他在给一块小石头涂色，把小石头涂成了绿色，旁边几个幼儿也凑过来看，觉得很有趣，就跟博博说：“好漂亮啊！我们去找找有没有其他的小石头，给他们都穿上好看的衣服吧。”博博说：“好啊！”几个人一起去找其他的小石头了	博博的观察力比较敏锐，善于探索和发现周围细小的事物，如小草、小石头等，这些事物通常很容易被其他幼儿忽略
10：33	他们一起去寻找石头，但没有找到，不过他们找到了一根竹竿，几个人就开始合作，要一起给竹竿染上五彩缤纷的颜色	有幼儿主动来跟博博搭讪，博博也很乐意跟他们一起玩，并且和他们一起合作，把竹竿涂得五颜六色的，这是博博的一大进步。博博能就地取材，创造性地进行涂鸦活动，能用多种工具、材料或不同的表现手法表达自己的感受与体验。博博在这次活动中还是不愿意与他人交流自己的艺术作品，今后在各种活动中，我们要引导博博多与他人沟通、交流，下次艺术活动时继续观察他的行为表现

案例 2 音乐活动观察记录

×× 幼儿园中四班第十七周观察记录

观察时间

20×× 年 ×× 月 ×× 日

观察对象

中四班幼儿 32 人，4 ~ 5 岁。

观察目标

观察中班幼儿是否喜欢参加艺术表演活动并能够大胆表现。

观察地点

迎元旦庆祝活动现场

观察内容

幼儿姓名	愿意参加表演活动，能跟随音乐节奏自然协调地表演	在同伴陪同下愿意参加表演活动	不愿意参加表演活动
石存希		√	
刘忆曦	√		
傅季杭		√	
陈锐航	√		
徐陈浩		√	
周宇轩			语言能力发展慢，口齿不清晰，对表演活动显得很不自信、很拘谨
季瑾川	√		
杨国豪		√	
陈刘锐	√		
陆朱雨昕		√	
张欣然	√		
费一馨	√		

续表

幼儿姓名	愿意参加表演活动，能跟随音乐节奏自然协调地表演	在同伴陪同下愿意参加表演活动	不愿意参加表演活动
董雨桐			喜欢独自哼唱，有人注意到她时，她就马上停下来，不愿意继续表演
……			

说明：教师在观察幼儿表现的过程中对照其行为打“√”，特殊情况可用简单文字说明。

评价与分析

班级大部分幼儿能够专心地观看别人表演，有模仿和参与的愿望，喜欢参加歌唱、律动、舞蹈等表演活动，能用自然的、音量适中的声音基本准确地唱歌，乐意用拍手、踏脚等身体动作或可敲击的物品敲打节拍和基本节奏。少部分幼儿不够积极主动，只是模仿别人的动作，在同伴的陪同下才愿意表演。极个别幼儿很腼腆，不敢表现。

改进措施

1. 教师应提供丰富的便于幼儿取放的材料、工具或物品，支持幼儿进行唱歌、跳舞等艺术活动。

2. 教师要经常和幼儿一起表演，共同分享艺术活动的乐趣。

3. 为满足幼儿唱、跳、演奏、欣赏、表现、创造的欲望，教师应为幼儿创设了一个音乐区角，并和幼儿一起为之配备相应的表演工具，如各种打击乐器、自制表演服装、麦克风等。在进行区角活动的时候，首先教师要与幼儿讨论今天要做什么，是排练舞蹈还是表演话剧或是其他，确定后填写在相应的节目单上，最后根据计划让幼儿自由结伴开展自发的表演游戏。音乐角可以为有表演欲望的幼儿提供一个表演的空间。

4. 教师要理解和尊重幼儿在欣赏艺术作品时手舞足蹈、即兴模仿等行为，并提供机会和条件支持幼儿自发的艺术表现和创造。

5. 教师要让幼儿尽可能多地接触音乐，如在午睡前放音乐，在过渡环节放音乐。

家园共育

1. 日常生活中，让每个幼儿都能积极、主动、自信地参与到音乐活动中，满足幼儿自我表现的需要。尽可能让每个幼儿都有当“主角”的机会，如举办家庭合唱团、家庭乐队，在练习中让幼儿担任指挥、领唱等，让幼儿在活动中满足自我表现的需要，树立自信心。

2. 营造安全的家庭心理氛围，让幼儿敢于并乐于表达、表现。例如，欣赏和回应幼儿的哼哼唱唱、模仿表演等自发的艺术活动，赞赏他们独特的表现方式。

3. 家长平时多让幼儿观察自然、生活，同时给幼儿做些示范动作，教给他们常用的表达方法。

思考·练习

1. 总结五大领域教学活动的观察要点。

2. 利用各种资源，分别搜集涵盖描述的方法、取样的方法、评定的方法的五大领域教学活动观察实例并学习。